**Peter Wippermann · Jens Krüger**

# werte
# index
# 2020

D1718067

**HERAUSGEBER**

Prof. Peter Wippermann (V.i.S.d.P.), Wippermann Trendforschung

Bornstraße 3, 20146 Hamburg

Telefon: +49 (0) 40 414 68 767

p.wippermann@trendbuero.com

www.peterwippermann.com; www.trendbuero.com

Jens Krüger, Kantar GmbH

c/o Joachim Bacher

Darmstädter Landstraße 112, 60598 Frankfurt am Main

Telefon +49 (0) 69 9133 62 13

joachim.bacher@kantar.com, www.kantardeutschland.de

**REDAKTION** Maria Angerer, Franz-Josef Kilzer

**AUTOREN** Maria Angerer, Joachim Bacher, Ann-Kathrin Brauns, Marilen Hennebach,

Franz-Josef Kilzer, Ulrich Köhler, Jens Krüger, Prof. Peter Wippermann

**LEKTORAT** Uta Kleimann/UK Schlussredaktion & Lektorat

**WISSENSCHAFTLICHE BERATUNG** Prof. Dr. Norbert Bolz, Technische Universität Berlin

**ART-DIREKTION** Jürgen Kaffer

**RECHTEKLÄRUNG** Maximilian Voigt, Trendbüro

**ÜBERSETZUNGEN** Johannes Stehle

**COVERFOTO** knowyourmeme.com/Atsuko Sato

**VERLAG** Deutscher Fachverlag GmbH

Mainzer Landstraße 251, 60326 Frankfurt am Main

buchverlag@dfv-fachbuch.de

**DRUCK UND BINDUNG** Optimal : Media GmbH, Glienholzweg 7, 17207 Rubel/Müritz

Printed in Germany

Klimaneutral
Druckprodukt
ClimatePartner.com/12015-2001-1025

# Inhalt

# „Für alle, die etwas besser machen wollen, sind es gute Zeiten."

„OK Boomer" – das Internet-Meme bringt einen Konflikt zum Ausdruck, der wohl schon länger in der Luft liegt, aber so noch nicht wirklich thematisiert wurde: die kollektive Frustration der jüngeren Generationen mit der älteren Generation. Mit den Babyboomern, die in den Wirtschaftswunderjahren mit der Idee des ewigen Wachstums aufgewachsen sind. Für die das Paradigma der Netzwerkökonomie etwas ist, was man neu lernen muss. Eine Generation, deren Unternehmer es noch mit Milton Friedman halten konnten: „Der gesellschaftliche Auftrag eines Unternehmens besteht darin, profitabel zu sein."

Dieser Generation stehen die Generationen Y und Z gegenüber. Wie anders diese Generationen ticken, damit haben wir Älteren uns in den vergangenen Jahren bereits ausgiebig beschäftigt. Vor allem wenn es darum ging, sie als Kunden oder Mitarbeiter zu gewinnen. Und während wir uns über ihren Mangel an politischem Engagement gewundert haben, haben die jüngeren Generationen einfach schon mal gemacht – und vieles ganz anders, als wir Älteren es gewohnt sind. Nicht nur Greta Thunberg und ihre Fridays-for-Future-Bewegung. Es sind auch Unternehmer wie die Gründer von Kushel (im Interview auf Seite 100), für die Business ohne gesellschaftlichen Anspruch einfach keinen Sinn ergibt. Es sind junge Menschen, die Forderungen stellen – auch an uns ältere Unternehmer und Entscheider. Entweder weil sie für niemanden arbeiten wollen, der ihnen nur ein Job-, aber kein Sinn-Angebot machen kann. Oder weil sie irritiert davon sind, dass ihre Eltern sich in ihrer Arbeit für etwas einsetzen, was ihren eigenen Zukunftschancen völlig zuwiderläuft.

Die Ergebnisse des Werte-Index sind keine „Wohlfühl-Ergebnisse". Wir leben auch in keiner „Wohlfühl-Zeit". Aber für alle, die Innovationen lieben und etwas besser machen wollen, sind es gute Zeiten. Wenn wir den Herausforderungen gewachsen sein wollen, brauchen wir ganz neue Denkweisen, neue Lösungen, neue Partnerschaften. Das wird nicht einfach sein. Aber wir sind ja nicht allein. Es ist Zeit, zu machen – gemeinsam. Freuen wir uns darauf. Okay, Millennial?

**Prof. Peter Wippermann**

# „Eine schöne Welt zu präsentieren reicht nicht, man muss aktiv mitarbeiten."

Wir sind angekommen. Im Zeitalter der Netzökonomie, deren Übergang wir in den letzten zwölf Jahren auch mit dem Werte-Index begleitet haben. Anfangs stand mit der Digitalisierung vor allem die technische Konnektivität im Mittelpunkt. Am Ende dieses Jahrzehnts ist es einer zunehmenden Anzahl von Unternehmen gelungen, sich auch kulturell mit ihren Kunden zu verbinden. Marketing war nie aufregender als heute.

Der Werte-Index 2020 liefert jetzt einen spannenden Ausblick: Stehen wir wieder am Anfang einer Zäsur?

Während wir in den vergangenen Jahren und über alle Werte hinweg erlebt haben, dass die von uns beobachteten und analysierten Werte zunehmend eine immer stärkere Konnotation mit Lifestyle bekommen haben, sehen wir erstmalig für einige Werte einen Rückzug aus der Lifestyle-Zone. Vor allem in denjenigen Feldern, die zunehmend in einer breiten gesellschaftlichen Diskussion stehen, wie es beim Thema Natur beziehungsweise Umwelt der Fall ist, verstimmen die reinen Lifestylisten und mit ihnen auch die Influencer. Natur hat ihre Natürlichkeit als reiner Marketingkontext verloren.

Was ist passiert? Die tiefe Sorge um die Zukunft unseres Planeten ist nicht neu, war in der Vergangenheit allerdings immer gepaart mit einer Portion Optimismus und Zuversicht – es wird schon gut gehen, irgendwie. Wird es aber nicht. Was mit #FridaysForFuture angefangen hat, ist in einer erkennbar erstarkenden Politisierung unserer Gesellschaft angekommen. Insbesondere die Generation Z führt eine aktive Diskussion um die Werte von morgen, der sich Politik und Wirtschaft nicht entziehen können. Heißt, wer das Thema spielen möchte, muss auch liefern. Es reicht nicht mehr, eine schöne Welt zu präsentieren, man muss aktiv mitarbeiten. Die kommenden Consumer-Generationen werden Unternehmen und Marken an ihrer Echtheit, ihrem Bewusstsein, ihrer Haltung messen.

Auch das ist wieder eine Chance. Cultural and Human Consciousness. Wem es gelingt, authentisch, empathisch und letztlich auf Augenhöhe sich mit seinen Kunden zu verbinden, gewinnt. Alle anderen müssen nachsitzen. Marketing kann so anstrengend sein.

**Jens Krüger**

# Executive Summary ——
# Key-Findings im Überblick.

Der Werte-Index 2020 zeigt, wie häufig und in welchen Zusammenhängen zehn grundlegende Werte in den deutschsprachigen Social Media diskutiert werden. 84 Prozent der Deutschen über 14 Jahren sind aktive Internetnutzer (D21-Digital-Index 2018/19). Damit sind die Ergebnisse aussagekräftig für den Wertewandel in Deutschland. Im Vergleich mit den Ergebnissen aus den vorigen Ausgaben können Veränderungen identifiziert und nachverfolgt werden. Dabei fließt auch Instagram als Social-Media-Quelle und damit Bildmaterial in die Analyse ein. Außerdem werden zum ersten Mal Auswertungen nach Generationenzugehörigkeit und Geschlecht vorgenommen.

| 2020 | | Wert | 2018 |
|------|------|------|------|
| ① | ↗ | **Gesundheit** | ② |
| ② | ↗ | **Familie** | ③ |
| ③ | ↗ | **Erfolg** | ⑥ |
| ④ | → | **Freiheit** | ④ |
| ⑤ | → | **Sicherheit** | ⑤ |
| ⑥ | ↗ | **Gemeinschaft** | ⑦ |
| ⑦ | ↘ | **Natur** | ① |
| ⑧ | → | **Anerkennung** | ⑧ |
| ⑨ | ↗ | **Gerechtigkeit** | ⑩ |
| ⑩ | ↘ | **Nachhaltigkeit** | ⑨ |

### Fazit: Weniger Lifestyle, mehr Politik.

Im Gesamtüberblick weisen die Veränderungen in den Social-Media-Diskussionen auf eine zunehmende Politisierung bzw. einen höheren Level an kritischen und reflektierten Meinungsäußerungen hin. Waren die Diskussionen in den letzten Ausgaben des Werte-Index sehr stark an den alltäglichen Dingen des Lebens und Lifestyle-Themen ausgerichtet, werden die Gespräche insgesamt kritischer, politischer und handfester. Das zeigt sich am deutlichsten am Wert Natur, aber auch in Werten wie Erfolg, Freiheit, Gerechtigkeit und Nachhaltigkeit.

### An der Spitze: Gesundheit, Familie, Erfolg.

Die Top 3 des Werte-Index verändern sich: An der Spitze steht wieder der Wert Gesundheit. Gefolgt wird er von den Werten Familie auf Platz 2 sowie Erfolg auf Platz 3. Der Wert Gesundheit nimmt seine jahrelange Siegesserie aus den Jahren 2014 und 2016 wieder auf. Selbstdiagnose und -therapie zählen einmal mehr zu den am häufigsten diskutierten Themen. Dabei spielt der Austausch über konkrete Diagnosen, Therapien und diesbezügliche Ratschläge wieder eine wichtigere

Rolle als zuletzt. Der Austausch ist zudem praxisorientierter. Gesundheitsgefahren werden ebenfalls häufiger als in der Vergangenheit diskutiert. Das Trendthema Ernährung ist hingegen im Rückgang begriffen. An zweiter Stelle steht der Wert Familie. Dabei bleiben alltägliche, aber als kostbar wahrgenommene Momente mit der eigenen Familie das wichtigste Gesprächsthema, auch wenn sie gegenüber 2018 einen Rückgang verzeichnen. Konfliktpotenziale innerhalb der Familie werden häufiger als noch vor zwei Jahren besprochen. Dabei steht der Verlust von Familienangehörigen oder -beziehungen im Vordergrund.

Der Erfolg nimmt den dritten Rang des Werte-Index-Rankings ein. Er stieg um drei Plätze auf und ist damit der Aufsteiger-Wert dieser Ausgabe schlechthin. Dabei bleibt die Themenlage weitgehend unverändert: Worin man erfolgreich ist, dominiert die Diskussion. Wichtigster Aufsteiger in der Themenliste sind die politischen Erfolge. Daran beteiligen sich in dieser Untersuchung auch Influencer in gleichem Ausmaß wie andere User.

### Viel Veränderung bei Natur und Nachhaltigkeit.

Einen dramatischen Abstieg verzeichnet der Wert Natur. Landete er 2018 nach einem kontinuierlichen und zuletzt steilen Aufstieg an der Spitze des Werte-Index-Rankings, fällt seine Platzierung in dieser Ausgabe auf Platz 7. Ebenso tief greifend ist die Veränderung der Diskussion rund um den Wert selbst: Wurde der Wert in der Vergangenheit vor allem mit dem „Schönen, Wahren und Ursprünglichen" verbunden, geht diese Konnotation in der vorliegenden Ausgabe stark zurück. Aktuell erfahren kritische und politische Wortmeldungen stärkeren Aufwind denn je. Es herrscht eine überwältigende Einigkeit über die Notwendigkeit wirksamer Maßnahmen zum Umwelt- und Klimaschutz. Große Veränderungen sind genauso beim Wert Nachhaltigkeit zu beobachten: Auch hier dominiert nach einem sprunghaften Anstieg eindeutig das Thema Ökologie.

### Freiheit und Sicherheit landen im Mittelfeld.

Die Werte Freiheit und Sicherheit landen unverändert und wiederholt im Mittelfeld auf den Plätzen 4 und 5. Beim Wert Freiheit ist ebenfalls eine stärkere Politisierung der Diskussion zu beobachten – die entsprechenden Kategorien wie „Unabhängigkeit von Institutionen" verzeichnen deutliche Zuwächse. Beim Wert Sicherheit fällt die prominente Position des Staates als Garant für Sicherheit ins Auge.

### Generationen- und Geschlechterunterschiede.

Interessante Unterschiede im Diskussionsverhalten zwischen Generationen bzw. Männern und Frauen zeigen sich beim Wert Natur: Kritische Aspekte wie Umwelt- und Klimaschutz werden stärker von der Generation Y diskutiert als von älteren Generationen. Zudem wird die Diskussion stärker von Männern als von Frauen geführt. Ansonsten dominieren beim Vergleich zwischen Generationen und Geschlechtern nicht die Unterschiede, sondern ein ähnliches Diskussionsverhalten.

# Werte-Index-Ranking.

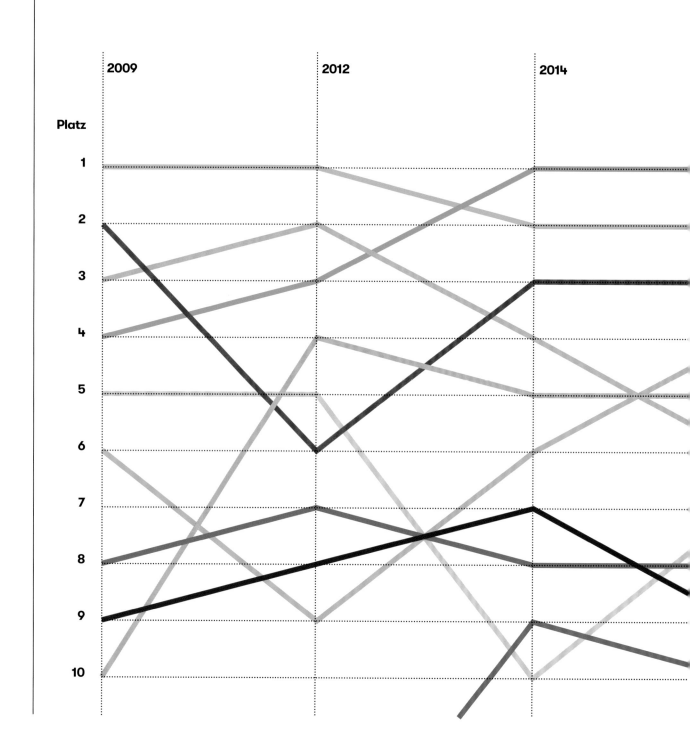

| | 2009 | 2012 | 2014 |
|---|---|---|---|
| **Platz** | | | |
| 1 | | | |
| 2 | | | |
| 3 | | | |
| 4 | | | |
| 5 | | | |
| 6 | | | |
| 7 | | | |
| 8 | | | |
| 9 | | | |
| 10 | | | |

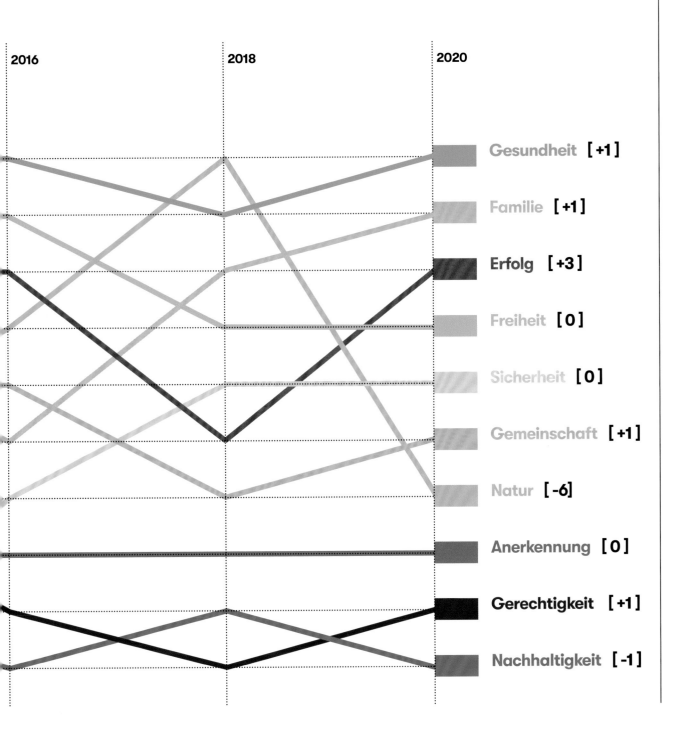

# Werteübergreifende Veränderungen und Ausblick.

Ende 2019 haben wir einen weiteren zu heißen Sommer hinter uns. Wir haben Hunderttausende Menschen auf die Straße gehen sehen, die für wirksame Maßnahmen gegen den Klimawandel und für Klimagerechtigkeit eintraten. Greta Thunberg wurde vom „Time Magazine" zur Person des Jahres gekürt. Wir haben Flugscham kennengelernt und Fluglinien, die dafür werben, mehr mit der Bahn zu fahren. Fridays-for-Future zeigte uns, wie politisch aktiv die Jugend ist. Angesichts dieser Entwicklungen irritieren die Ergebnisse des Werte-Index auf den ersten Blick: Gerade der Wert Natur stürzt ab – von Platz eins auf Platz sieben. Auch der Wert Nachhaltigkeit fällt um eine Position. Der Erfolg ist hingegen der wichtigste Aufsteiger. Wie passt das alles zusammen?

### Trendwende hin zur politischen Diskussion.

Antworten findet, wer unter die Oberfläche des Rankings blickt. Die wesentlichen Veränderungen sind an den Inhalten der Gespräche abzulesen. Und hier kann durchaus von einer Revolution gesprochen werden. Sowohl Aufstieg des Werts Erfolg als auch Fall des Werts Natur kann über die gleiche Entwicklung erklärt werden – eine zunehmende Politisierung der öffentlichen Diskussion. In über zehn Jahren Werte-Index-Geschichte wurde der Wert Natur noch nie so häufig mit politischen Forderungen verbunden wie aktuell. Der Wert Natur hat mit seinem Gesprächsanteil vor allem unsere verklärte Wahrnehmung von ihr verloren: als das Heile, Ursprüngliche und Schöne, das dem modernen Menschen Kraft und Energie gibt. Auch der Wert Erfolg legt vor allem bei Gesprächen zu, in denen es um die politische Dimension geht: Wahlerfolge, politische Errungenschaften. Die Tendenz der Politisierung bzw. Ökologisierung der Diskussion zieht sich auch durch fast alle anderen Werte hindurch, wie Freiheit, Sicherheit, Gerechtigkeit und Nachhaltigkeit. Die sozialen Medien stellen sich stärker als in der jüngeren Vergangenheit als Raum für die öffentliche Diskussion dar. In den früheren Ausgaben des Werte-Index beobachteten wir, dass die Gespräche immer privater und alltäglicher wurden. Mit dieser Ausgabe zeichnet sich eine Trendwende ab.

### Globale Krise als globale Chance?

Vor zwei Jahren wurden die Ergebnisse des Werte-Index durch Geflüchtete, Terroranschläge in Deutschland, Brexit und Trump geprägt. Nach der Finanz- und Wirtschaftskrise folgte die Migrationskrise. Unterschiede und Klüfte taten sich nicht nur sozial, sondern auch kulturell auf. „Der Rückzug ist kein Ausweg", schloss der Werte-Index 2018 mit Blick in die Zukunft. Und noch weiter: „Auszumachen, wie wir leben wollen – das ist keine Möglichkeit mehr. Es ist eine Notwendigkeit." Jetzt hat die Klimakrise die Öffentlichkeit mit voller Wucht erwischt. Da ist Rückzug erst recht keine Option. Im Gegenteil: Wahrscheinlich erzeugte noch keine Krise zuvor eine derart globale Betroffenheit. Keine Krise hatte ein derartig internationales Mobilisierungspotenzial, keine so viel Zeug zur globalen gemeinsamen Sache.

### Der Klimawandel als soziale und kulturelle Herausforderung.
Der Kampf gegen den Klimawandel ist keine reine ökologische Frage oder gar ein technisches Problem, das darin besteht, $CO_2$ zu reduzieren. Die kritische Aufgabe liegt in den sozialen und kulturellen Herausforderungen. Wie schaffen wir es, Wirtschaft und Wachstum so zu begreifen und zu gestalten, dass unser Planet dabei nicht zerstört wird? Wie schaffen wir einen Begriff von Gerechtigkeit – zwischen unterschiedlichen Regionen, Interessen und Generationen –, mit dem sich alle identifizieren können? Wie schaffen wir es – trotz unserer Unterschiede und abweichender Interessen –, erfolgreich an diesem einen entscheidenden Strang zu ziehen? Dass die Antworten auf diese Fragen vor allem auch neue Chancen bereitstellen, erklären u. a. Postwachstumsökonom André Reichel, der US-Verfassungsrechtler Lawrence Lessig und Philosophin Ariadne von Schirach in den Interviews in dieser Ausgabe (S. 136, 124 und 76).

### Vom Teil des Problems zum Teil der Lösung.
Ohne erfolgreiches gemeinsames Tun wird die Welt nicht zu retten sein. Das Ökologische geht zwangsläufig mit dem Sozialen und dem Kulturellen Hand in Hand. Das gilt auch für Unternehmen. Die rasante Durchdringung unternehmerischer Agenden und ihrer Kommunikation mit Begriffen wie jenen der SDGs (Sustainable Development Goals) oder Prinzipien wie Purpose und Impact ist beeindruckend. Unternehmen erkennen zunehmend die Chance, statt Teil des Problems zum Teil der Lösung zu werden. Und mit ihnen ihre Mitarbeiter. Wie schnell sich Einstellungen und Verhalten ändern können, lässt sich etwa am Aufstieg fleischloser Ernährungsalternativen beobachten: Vor wenigen Jahren noch ein Nischenphänomen, fand sich der vegane Lifestyle 2018 auch im Mainstream des Werte-Index; dieses Jahr tritt Fleisch als „Gesundheitsgefahr" (vgl. Wert Gesundheit) in Erscheinung. Fleischproduzenten investieren in fleischlose Alternativen. Die Disruption der Digitalisierung zeigte, wie ganze Branchen umgekrempelt oder zerstört wurden. Jetzt geht es darum, sich nicht nur schnell auf Veränderungen einzustellen, sondern vor allem experimentier- und kooperationsfreudig zu sein. Um herauszufinden, wie Wirtschaft planetenschonend geht, müssen wir bereit sein, Neues auszuprobieren.

# „Wie geht Wirtschaft, ohne den Planeten zu zerstören?"

# Die Digitale Transformation mit Werten erfolgreich gestalten.

Joachim Bacher

Für Unternehmen wird es im Rahmen der digitalen Transformation von gleich großer Wichtigkeit sein, den Werte-Fit zu ihren Kunden zu behalten und geeignete Strategien für ihre Mitarbeiter zu entwickeln. Schon länger ist bekannt, dass zukünftiges Wachstum nicht wie bisher von Innovationen aus Technologie und Wirtschaft gekennzeichnet sein wird, sondern von Fähigkeiten im zwischenmenschlichen Bereich. Hier liegt sehr großes Potenzial. Diejenigen Unternehmen, denen es gelingt, dieses Potenzial zu nutzen, werden sich durch eine gesteigerte Produktivität und zukünftiges Wachstum auszeichnen.

### Digitale Transformation bringt kulturelle Veränderungen mit sich.

Die digitale Transformation bestimmt den heutigen Alltag in vielen Unternehmen. Damit steigen die Anforderungen an alle Unternehmensbereiche. Es reicht zukünftig bei Weitem nicht mehr aus, Produkte oder Dienstleistungen digital verfügbar zu machen. Unternehmen müssen auch ihre bisher gelebte Wertekultur überdenken, um die digitale Transformation erfolgreich gestalten zu können.

Das liegt vor allem daran, dass sich altbewährte interne Abläufe im Rahmen der Transformation ändern. Bereits seit längerer Zeit spiegelt sich dies u. a. im Wechsel von der Industrieökonomie zur Netzwerkgesellschaft wider. Die Hierarchien in Unternehmen werden flacher, dafür werden vielerorts neue Schnittstellen eingeführt. Die Organisationsform der Matrix soll dabei helfen, effizienter zu werden. Product-Owner leiten interdisziplinäre Projekte und verzahnen so eine neue agile Arbeitskultur mit dem existierenden Wissen im Unternehmen. Dies führt automatisch zu einem überraschenden Klimawandel im Unternehmen.

Besonders intensiv werden im Rahmen der digitalen Transformation die Personalabteilungen gefordert. Viele Unternehmen haben nicht nur einen erhöhten Schulungsbedarf, um den kulturellen Wandel zu begleiten, sondern wollen auch bunter werden und öffnen sich in Stellenanzeigen gegenüber Diversität. Alle Maßnahmen zahlen darauf ein, die Belegschaft zu motivieren und fit für den Wandel zu machen. Gesundheitsprogramme runden das Spektrum der HR-Maßnahmen ab.

Der Werte-Index beschreibt ja schon seit Längerem die Erfolgsgeschichte des Werts Gesundheit. Aber auch Wirtschaftsexperten sind sich längst einig, dass Unternehmen mit motivierten und gesunden Mitarbeitern erfolgreich bleiben.

### Zukünftiges Wachstum durch verbesserte Fähigkeiten im zwischenmenschlichen Bereich.

Die Wirtschaftstheorie der langen Wellen des Wissenschaftlers Kondratieff geht von 40- bis 60-jährigen Innovationszyklen für Primär-Innovationen aus. Aktuell befinden wir uns im sechsten Kondratieff-Zyklus (siehe Abbildung unten). Diese Konjunkturperiode führt weg vom Computer hin zum Menschen und rückt diesen mit seinen Bedürfnissen in den Mittelpunkt. Die physischen und psychischen Komponenten stehen gleichermaßen im Vordergrund und betonen ein ganzheitliches Wohlbefinden des Menschen.

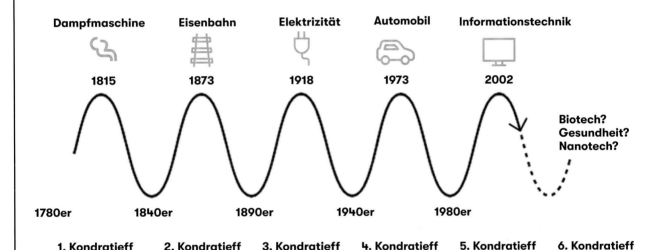

Leo A. Nefiodow ist einer der bekanntesten Vertreter der Theorie der langen Wellen und gilt als einer der angesehensten Vordenker der Informationsgesellschaft. Er sieht insbesondere den Informationsmarkt sowie Umweltschutz, Biotechnologie und Gesundheit als die aus diesen Überlegungen resultierenden Produktivitätsreserven des aktuellen Zyklus.

Das Thema Gesundheit bleibt also ein Dauerbrenner. Nur der Blickwinkel ändert sich. Die psychosoziale Kompetenz eines Unternehmens steht damit im Mittelpunkt. Aktuell geht es also nicht mehr um die Suche nach der nächsten Primär-Innovation, wie in den Zyklen davor, sondern um physische und psychische Komponenten. Die sechste Welle ist folglich nicht von technologischen Innovationen, sondern von kulturellen und sozialen Innovationen geprägt. Diese Auseinandersetzung mit dem Menschen auf psychosozialer und psychotherapeutischer Ebene vermittelt eine Steigerung des Wohlgefühls und kann als größter Nutzen dieses Zyklus verstanden werden. Als Wachstumsbarriere definieren die Wirtschaftsexperten moralische Defizite, die sich gesellschaftlich in Gewalt, Kriminalität, Drogenmissbrauch, Umweltzerstörung, Energieverschwendung oder auch in Terrorismus manifestieren.

Besonders im Bereich der zwischenmenschlichen Beziehungen, wo in Unternehmen zahlreiche Ressourcen durch Frust, Mobbing, Streit und Intrigen verloren gehen, schlagen sich diese Mängel nieder. Diese Unstimmigkeiten in interpersonellen Relationen hinterlassen im Unternehmen ein Loch, das nicht durch maschinelle Innovationen oder technische Einrichtungen kompensiert werden kann. Eine wertebasierte Unternehmensstrategie kann hier aber gegensteuern. Kantar hilft Ihnen gern dabei!

### Fit for Future?

Im Rahmen des Werte-Index 2018 hat Kantar zusammen mit dem Trendbüro den Werte-Canvas vorgestellt. Dabei handelt es sich um ein Workshop-Format, das Unternehmen die Auseinandersetzung mit dem Wertewandel erleichtert und ihnen hilft, eine wertebasierte Unternehmensstrategie zu entwickeln bzw. die vorhandene zu schärfen.

Zu Beginn des Workshops wird die gesellschaftliche Perspektive durch aktuelle Erkenntnisse aus der Trend- und Zukunftsforschung ergänzt. Hierzu steuert Kantar ein breites Spektrum an Studien bei. Dies ist besonders hilfreich, um mittel- bis langfristige Prognosen über Marktveränderungen zu berücksichtigen. So hat Kantar mehrere Trend- und Zukunftsstudien zu den Themen Mobilität, Logistik, Ernährung, Living oder Handel durchgeführt und Zukunftsszenarien entwickelt. Im zweiten Schritt des Workshops wird die aktuelle Unternehmensperspektive analysiert. Sie stellt die entscheidende Komponente im Workshop dar. Die Innensicht ist der Schlüssel, um Stärken und Schwächen im Kontext der digitalen Transformation und des Wertewandels zu identifizieren. Besonders wichtig dabei ist es, sowohl die Kunden- als auch die Mitarbeitersicht zu berücksichtigen. Wie ist der aktuelle Werte-Fit?

Aus dem Zusammenspiel der gesellschaftlichen Perspektive und der Unternehmensperspektive entstehen im dritten Teil des Workshops konkrete Zukunftsimplikationen für das Unternehmen. Um die Ergebnisse bei Bedarf zu verfeinern und auch im Unternehmen zu implementieren, folgen in der Regel weitere Workshops. Wir helfen Ihnen, sich fit für die Zukunft zu machen – sprechen Sie uns an! Unser erfahrenes Werte-Team unterstützt Sie gern dabei.

*Weiterführende Informationen finden Sie unter www.kantardeutschand.de*

Pictogramme: Gregor Cresnar; BomSymbols; Iconsphere; Barracuda; Post Mello; hans draiman; Evan Shuster; thenounproject.com

# Werte-Index-Canvas.

## Wertewandel

Wie zeigt sich das (neue) Verständnis dieses Werts?

Welche Beobachtungen gibt es dazu?

Welche Bedeutung hat der Wert morgen?

Welche Veränderungen gegenüber der Vergangenheit zeichnen sich ab?

Wer sind die Treiber und Pioniere des Wertewandels?

## Implikationen für das eigene Unternehmen

Was bedeutet das für die unterschiedlichen Bereiche und Aktivitäten unseres Unternehmens?

Für die Strategie, für die Produkt- und Serviceentwicklung, für die Kommunikation (Marketing/PR), als Arbeitgeber, als Corporate Citizen ...

## Status des Werts im Unternehmen

Welche Rolle spielt der Wert im Verhältnis zu anderen Unternehmenswerten?

Wo wird der Wert schon erfolgreich umgesetzt/gelebt?

## Konsumenten-Needs

Welche Sehnsüchte und Bedürfnisse in Bezug auf das Angebot/Produkt/den Service unseres Unternehmens entstehen bei den Konsumenten?

Welche Erwartungen werden in Bezug auf zukünftige Angebote geweckt?

## Zielgruppe/Kundensegmente

Welche Aspekte des Werts sind für die Kundensegmente unseres Unternehmens besonders relevant?

Was wissen wir bereits über diese Kundensegmente?

Wo bestehen Lücken?

## Bestehende Lösungen

Welche innovativen Produkte und Services (aus allen Branchen) erfüllen bereits heute die entstehenden Konsumenten-Needs?

Was zeichnet Best Practices aus?

## Barrieren & Treiber

Welche Faktoren machen es schwierig, ein relevantes Angebot für die Zielgruppe in unserem Unternehmen zu entwickeln?

Welche Faktoren machen es leichter?

*Der Werte-Index-Canvas als Formular kann auf Anfrage unter www.kantardeutschland.de/werteindex2020 oder www.trendbuero.com/werteindexcanvas zugesandt werden.*

# 2020 wird das Jahr Purpose-getriebener Unternehmensstrategien.

Ulrich Köhler

In der täglichen Arbeit des Trendbüros ist der Werte-Index zu einem wichtigen Werkzeug in der Entwicklung von Produkt- und Unternehmensstrategien herangereift. Doch der Transfer von scheinbar abstrakten Konsumentenwerten in konkrete Handlungsempfehlungen fällt Unternehmen aus eigener Kraft schwer. Dabei haben Werte einen starken Einfluss auf Konsumentenentscheidungen. 2020 wird sich zeigen, welche Marken sensibel genug sind, den Wertewandel ernst zu nehmen.

### Wie erreichen wir die Kunden von morgen?

Die digitale Transformation samt immer schneller laufenden Innovationszyklen und dem fortlaufenden Wandel von Konsumentenbedürfnissen hat zu einer großen Verunsicherung auf Unternehmensseite geführt. Eine der relevantesten Fragestellungen, mit denen wir in unserer täglichen Arbeit konfrontiert sind, lautet: Mit welchen Produkten, Services und Markenstrategien erreichen wir Konsumenten von morgen? Unsere Kunden wollen vor allem konkrete Interessenfelder, Verhaltensweisen, Situationen und sogar Orte definieren, die charakteristisch für die Zielgruppe sind, und damit die Ansprache derselben zu vereinfachen. Eine Diskussion zu Konsumentenwerten scheint im ersten Augenblick weit abseits der eigentlichen Problemstellung stattzufinden.

Im Gegenzug besteht bei einer schlichten Bearbeitung der oben genannten Fragestellung die Gefahr, den Status quo abzubilden, die zugrunde liegende Dynamik des ständigen Wertewandels jedoch auszublenden. In der Konsequenz bedeutete das, unternehmerisches Handeln an der Gegenwart auszurichten. Das mag für kurzfristige Maßnahmen plausibel erscheinen, eine langfristige strategische Planung (Produkte, Vertrieb, Marketing) lässt sich so nicht aufsetzen.

### Ein Frühwarnsystem für Konsumentenbedürfnisse.

Um zukunftsfähige Strategien zu entwickeln – die Kernkompetenz der Trendforschung – und langfristige Handlungsempfehlungen zu erarbeiten, bedarf es daher anderer Werkzeuge. Seit 2009 belegt der Werte-Index, dass die großen sozialen, kulturellen, technologischen und wirtschaftlichen Entwicklungen starken Einfluss auf die Gewichtung und Bedeutung von Werten haben. Was wie eine rein akademische Übung wirken könnte, ist ein Frühwarnsystem für sich verändernde Konsumentenbedürfnisse. Dass kurz nach Veröffentlichung der letzten Ausgabe des Werte-Index die Fridays-for-Future-Bewegung starten würde, konnte niemand vorhersehen. Dass mit „Natur" als damals wichtigstem Wert der Deutschen die ökologische Verantwortung von Unternehmen auf den Prüfstand kommen würde, war hingegen klar ersichtlich. Unsere Erkenntnisse bieten also Orientierung und dienen als Sprungbretter für die Anwendung im eigenen Unternehmens- und Branchenkontext.

Ann-Kathrin Brauns

Der Werte-Index hat für Unternehmen zweierlei Funktion: Er zeigt den Wertewandel auf und gibt Beispiele erfolgreichen Umgangs mit diesem Wandel. Er sollte aber ebenso Grundlage für die Auseinandersetzung mit den eigenen Unternehmenswerten sowie dem eigenen Produkt- und Serviceangebot sein. Eine systematische Analyse der Implikationen der Werte-Index-Erkenntnisse für das Unternehmen kann Grundlage für erfolgreiche strategische Entscheidungen sein. Trendbüro und Kantar haben viel Erfahrung in der Konzeption und Durchführung von wertespezifischen Workshops. Die Ergebnisse helfen Unternehmen, ihr heutiges Tun zu hinterfragen und das zukünftige Handeln festzulegen.

### Gefahr des „Woke Washing".

2020 wird einen wahren Boom Purpose-getriebener Maßnahmen in Kommunikation und Marketing bringen. Umweltsorgen, die Politisierung jüngerer Konsumenten, der ungebrochene Trend zu Regionalität und Authentizität spielen dabei eine wichtige Rolle. Marken werden versuchen, in diesem Kontext Haltung zu beziehen. Reflektieren die Unternehmen dabei nicht ihre Werte, schwindet das ohnehin angeschlagene Vertrauen in die großen Konsumenten-Marken weiter. Es droht damit eine Welle des „Woke Washing": kurzfristige mediale Aufmerksamkeit mit einer leichtverdaulichen Verwendung politischer Inhalte. Es wird sich zeigen, welche Marken sensibel genug sind, die sich ändernden Werte der Konsumenten ernst zu nehmen und damit ihre Glaubwürdigkeit zu sichern.

*Weiterführende Informationen finden Sie unter www.trendbuero.com.*

**Der Wert Gesundheit hat sich zurück an die Spitze gekämpft. Der Fortschritt und radikal anmutende Innovationen in der Medizin werfen brennende ethische Fragen auf.** Der Einzelne ist aber mehr damit beschäftigt, Lösungen für seine eigenen ganz konkreten

# G**∎**UNDHEIT

**Probleme zu finden.** Für Unternehmen gilt, im Alltag unterstützender Partner und für die Zukunft aktiver Gestalter zu sein.

2020_Platz **1** Tendenz ↗ [ 2018_Platz 2 ]

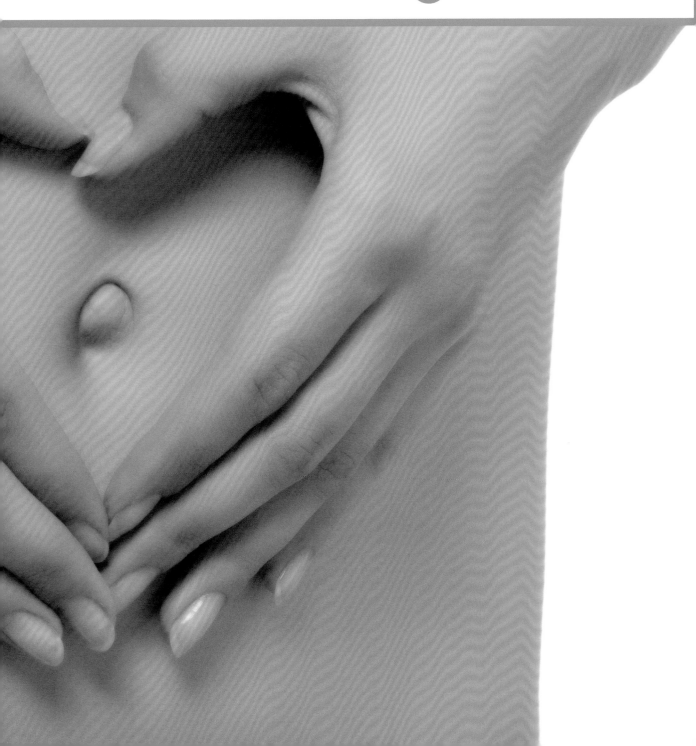

# Die Grenzen des Machbaren werden neu ausgelotet.

### Alltäglicher Healthstyle.

Unser Lifestyle ist zum Healthstyle geworden. Rasant haben sich Gesundheits-Features in unseren Alltags- und Konsumgewohnheiten etabliert: Unser Essen ist längst „functional" mit viel Zusatznutzen und jetzt noch besser „ohne" – ohne Milch, Gluten oder Zucker. Schrittzähler haben unsere Handgelenke erobert. Tech-Anbieter integrieren Digital-Detox-Features, weil ständig online zu sein nicht gut für das Wohlbefinden ist. Fleischproduzenten investieren in Gemüse-burger. Meditation und Yoga haben sich zum Volkssport entwickelt. Persönliche Needs werden dabei zunehmend besser abgedeckt, sei es durch immer genauere Zielgruppenansprachen oder digitale Features.

### Das Ende des One-fits-all der Medizin?

Während sich Alltagsroutinen schleichend verändern, sind die Fortschritte in der Forschung disruptiv und spektakulär. Personalisierte Therapien, die die kör-perlichen Voraussetzungen jedes Einzelnen berücksichtigen und exakt das lie-fern, was ihm guttut, versprechen das Ende der One-fits-all-Medizin. Quanten-rechner, Big Data und Künstliche Intelligenz werden damit zu entscheidenden Akteuren im Gesundheitsmarkt. Gleichzeitig ist man noch ratlos, wie man die dadurch entstehenden ethischen und sozialen Fragen beantwortet: Wer will von einem hohen Krebsrisiko erfahren, wenn ungewiss ist, ob er jemals ausbricht? Wer kommt für die Kosten für individuell ideale Therapien auf? Wer darf auf un-sere Gen-Daten zugreifen? Auch die Beziehung zwischen Patient, Arzt und ande-ren Experten wird sich durch diese Technologien drastisch verändern.

### Radikale Alternativen.

Auch am anderen Ende des Spektrums der Möglichkeiten, wo es nicht um Hightech, sondern um Ganzheitlichkeit und Spiritualität geht, entwickeln sich innovative und teilweise radikal anmutende Methoden. Der Siegeszug der Hanfpflanze ist nicht aufzuhalten. Microdosing mit psychisch aktiven und vielerorts illegalen Substan-zen erlebt besonders in den USA einen Boom – sei es zur selbst verordneten Behand-lung von Depressionen oder Angstzuständen oder zur simplen Selbstoptimierung (siehe dazu Interview mit Martijn Schirp, Seite 28). Versprochen werden seelische und mentale Ausgeglichenheit und damit Leistungsfähigkeit. Dafür werden die Grenzen des Machbaren, Kontrollierbaren und sozial Akzeptierten neu ausgelotet.

Foto vorherige Seite: shutterstock/Leonid and Anna Dedukh

## Lösungen für den Alltag, Antworten für die Zukunft.

Unternehmen sind aufgefordert, Angebote für eine alltägliche gesunde Praxis zu machen. Diese sind nicht nur für Konsumenten relevant, sondern vor allem auch für Mitarbeiter, deren geistiges, seelisches und körperliches Wohlbefinden die Grundlage für Produktivität, Kreativität und Innovation ist. Hier gilt ebenfalls, das Ende des One-fits-all einzuläuten und unterschiedliche Lösungen für unterschiedliche Bedürfnisse anzubieten. In der Beantwortung der immer drängenderen ethischen Fragen ist es wesentlich, sich aktiv einzubringen und an der Lösung der diversen Dilemmata mitzuwirken.

**1 THEMENSCHWERPUNKTE**

Gesundheit verzeichnet deutliche Verschiebungen der Themenschwerpunkte: „Gesundheit als Wert und Wunsch" verliert weiter an Bedeutung, ebenso wie gesunde Ernährung. Gesundheitsgefahren und individuelle Diagnose und Therapie gewinnen stark.

In Prozent aller codierten Beiträge des Wertes; Pfeile kennzeichnen signifikante Veränderungen (Angabe in Prozentpunkten) gegenüber dem Werte-Index 2018. Nettozählungen: Sofern in einem Beitrag mehrere Nennungen desselben Schwerpunktes vorlagen, wurde dieser nur einfach gezählt. Indiziert auf Basis der Summenwerte des Werte-Index von 2012.

**2 TONALITÄT DER BEITRÄGE**

Neutrale Beiträge überwiegen in allen Kategorien mit einer Ausnahme: „Gesundheit als Wert und Wunsch" wird in überwältigendem Maße positiv diskutiert.

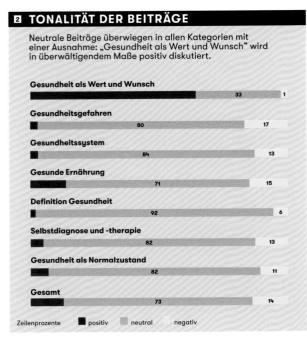

**3 THEMENPROFIL**

Der überwiegende Teil der Beiträge zu Gesundheit ist 2020 fachlicher Natur. Vormals häufig anzutreffende Beiträge mit sozialer Ausrichtung verlieren an Bedeutung.

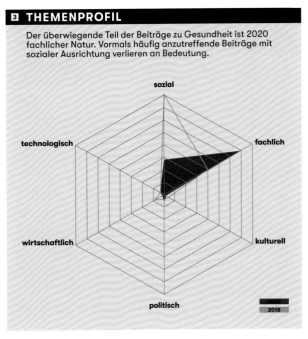

# Therapien, Diagnose und andere handfeste Themen.

### Comeback von „Selbstdiagnose und -therapie".

Der Wert Gesundheit erobert seine jahrelange Spitzenposition zurück, nachdem er 2018 vom Wert Natur auf den zweiten Platz verdrängt worden war. Dabei dominiert ein Phänomen alle anderen. Wir erleben eine Renaissance der „Selbstdiagnose und -therapie": 2016 war der Anteil auf 34 Prozent zurückgefallen, 2018 war der Wert wieder auf 50 Prozent angestiegen. Aktuell sind 60 Prozent der Postings zum Wert Gesundheit dieser Kategorie zuzuordnen – so viele wie noch nie in der Geschichte des Werte-Index (vgl. Abbildung 1). Gleichzeitig ist der Anteil der Beiträge zur Kategorie „Gesundheit als Wert und Wunsch" von 31 auf 19 Prozent stark zurückgegangen – und damit der Anteil an Beiträgen, in denen sich User vor allem gegenseitig Gesundheit oder gute Besserung wünschen. Stark zugenommen hat hingegen der Gesprächsanteil, in dem es um „Gesundheitsgefahren" geht: 30 Prozent der Beiträge thematisieren Gefährdungen für die Gesundheit; vor zwei Jahren waren es lediglich 12 Prozent. Auch hier nähert sich der Anteil wieder dem Niveau der Jahre zuvor an. Weniger wird hingegen über „Gesunde Ernährung" (2018 intensiv auf Instagram diskutiert) und „Gesundheit als Normalzustand" gesprochen.

Instagrammer teilen ihre Gesundheits- und Optimierungsroutinen.

### Konkreter und praktischer Erfahrungsaustausch.

Insgesamt deuten die Entwicklungen auf eine handfestere und konkretere Diskussion über den Wert Gesundheit als im Werte-Index 2018 hin. Darauf weist auch der Anstieg der fachlichen Beiträge hin (vgl. Abbildung 3). Und das bestätigt sich in der Detailanalyse. 2018 dominierten in der Spitzenkategorie „Selbstdiagnose und -therapie" kurze und oberflächliche Befindlichkeitsäußerungen („Menno, ich bin krank ..."). Aktuell geht der Anteil der Aussagen von Usern, die „sich krank fühlen", von 32 auf 12 Prozent zurück (vgl. Abbildung 4). Hingegen steigen

Fotos: fancy_franzy_plussize (li.); rominadamerau (re.)

die Anteile zur Diagnose und Therapie von Krankheiten stark an (plus 21 bzw. plus 14 Prozentpunkte). Hier tauschen sich User über Symptome von Krankheiten aus, geben einander Tipps, hinterfragen Therapieempfehlungen ihres Arztes und holen Rat ein, wenn es um die Interpretation von Laborbefunden geht.

Erfolge beim gesunden Lebenswandel werden gern per Selfie festgehalten.

### (Fast) nichts Neues bei den Gesundheitsgefahren.

Auch in der stark zunehmenden Kategorie der „Gesundheitsgefahren" verläuft der Meinungsaustausch sehr geerdet. Getrieben wird das Ansteigen der Kategorie vor allem durch die Themen „Suchtmittel", „Umwelteinflüsse als Gefahr" und „Psychische Faktoren, ungesundes Verhalten" (vgl. Abbildung 5). Dabei kommen die klassischen Suchtmittel wie Alkohol, Zigaretten und illegale Drogen gleichermaßen zur Sprache. Mit ungesunden Nahrungsmitteln wird vor allem Fleisch verbunden. Neu in der Diskussion rund um die Gesundheit des Menschen ist das Thema Plastik wie zum Beispiel die Gefährdung durch die Einnahme von Mikroplastik mit der Ernährung. Insgesamt gestaltet sich die Erörterung zum Wert Gesundheit als sehr praktisch und konkret. Die brennenden Fragen, die die Fortschritte in der Medizin aufwerfen (vgl. Trendperspektive), beschäftigen die User höchstens am Rande: Die Gespräche über „Forschung zu Gesundheit" liegen bei gerade einmal 1 Prozent, jene über das „Gesundheitssystem" stabil bei 13 Prozent (vgl. Abbildung 1).

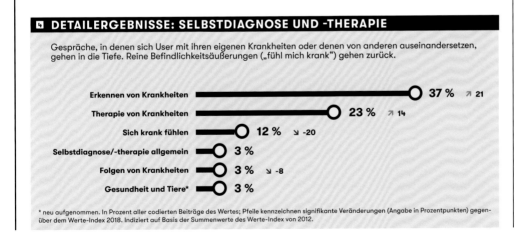

**5 DETAILERGEBNISSE: SELBSTDIAGNOSE UND -THERAPIE**

Gespräche, in denen sich User mit ihren eigenen Krankheiten oder denen von anderen auseinandersetzen, gehen in die Tiefe. Reine Befindlichkeitsäußerungen („fühl mich krank") gehen zurück.

| | |
|---|---|
| Erkennen von Krankheiten | 37 % ↗ 21 |
| Therapie von Krankheiten | 23 % ↗ 14 |
| Sich krank fühlen | 12 % ↘ -20 |
| Selbstdiagnose/-therapie allgemein | 3 % |
| Folgen von Krankheiten | 3 % ↘ -8 |
| Gesundheit und Tiere* | 3 % |

* neu aufgenommen. In Prozent aller codierten Beiträge des Wertes; Pfeile kennzeichnen signifikante Veränderungen (Angabe in Prozentpunkten) gegenüber dem Werte-Index 2018. Indiziert auf Basis der Summenwerte des Werte-Index von 2012.

MAN MUSS DOCH SOWIESO IMMER DENKEN... WIESO DANN NICHT GLEICH POSITIV?!

Hübsch gestaltete Sinnsprüche gehören bei Instagram einfach dazu – auch beim Wert Gesundheit.

### Foren dominieren nach wie vor.

Beim Blick auf die Verteilung der Medienschwerpunkte wird die wichtige Rolle der Foren ersichtlich: Beiträge, die zum am häufigsten besprochenen Thema der „Selbstdiagnose" gepostet werden, erscheinen überdurchschnittlich häufig in Foren (vgl. Abbildung 7). Diese Verteilung kennen wir bereits aus den Erhebungen zuvor. Foren gehen in ihrer Gestaltung und Atmosphäre am besten auf die Bedürfnisse Rat suchender User ein. Gesundheits- und Genesungswünsche sind hingegen vor allem auf Facebook und Twitter präsent. Das Gesundheitssystem wird vorzugsweise in aller Kürze auf Twitter besprochen.

**5  DETAILERGEBNISSE: GESUNDHEITSGEFAHREN**

Der Anstieg in dieser Kategorie ist der Zunahme der Gespräche rund um Suchtmittel, Umwelteinflüsse und individuelle psychische Faktoren bzw. ungesundes Verhalten geschuldet.

| | | |
|---|---|---|
| Suchtmittel | 11 % | ↗ 6 |
| Gefahr: Umwelteinflüsse | 10 % | ↗ 6 |
| Psychische Faktoren, ungesundes Verhalten | 7 % | ↗ 5 |
| Ungesunde Nahrungsmittel | 4 % | |
| Gesundheitsgefahren allgemein | 3 % | |
| Gefahr: Technik | 2 % | |

In Prozent aller codierten Beiträge des Wertes; Pfeile kennzeichnen signifikante Veränderungen (Angabe in Prozentpunkten) gegenüber dem Werte-Index 2018. Indiziert auf Basis der Summenwerte des Werte-Index von 2012.

**6  DETAILERGEBNISSE: GESUNDE ERNÄHRUNG**

Die Diskussion rund um Essen und Kochen geht insgesamt zurück. Auch Rezepte rund um die gesunde Ernährung werden aktuell weniger häufig ausgetauscht.

| | | |
|---|---|---|
| Gesunde Ernährung allgemein | 8 % | ↘ -10 |
| Falsche Ernährung | 6 % | |
| Rezepte | 4 % | ↘ -6 |
| Vegetarische/vegane Ernährung | 4 % | |

In Prozent aller codierten Beiträge des Wertes; Pfeile kennzeichnen signifikante Veränderungen (Angabe in Prozentpunkten) gegenüber dem Werte-Index 2018. Indiziert auf Basis der Summenwerte des Werte-Index von 2012.

Foto: motivationssnack

**„ ... woher könnte dieser rote ausschlag kommen?**

**... am tag nehmen wir in etwa 5 gramm mikroplastik mit unserem essen zu uns! „**

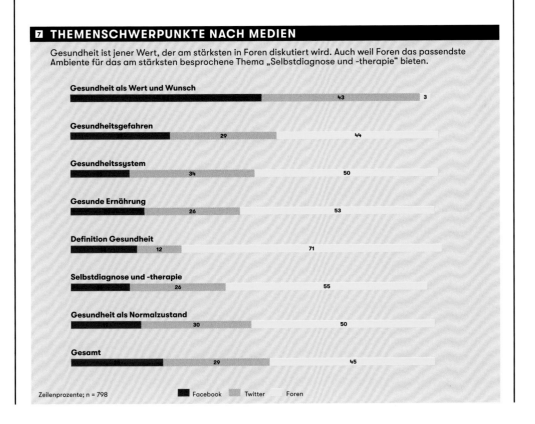

**7 THEMENSCHWERPUNKTE NACH MEDIEN**

Gesundheit ist jener Wert, der am stärksten in Foren diskutiert wird. Auch weil Foren das passendste Ambiente für das am stärksten besprochene Thema „Selbstdiagnose und -therapie" bieten.

**Gesundheit als Wert und Wunsch**
43  3

**Gesundheitsgefahren**
29  44

**Gesundheitssystem**
34  50

**Gesunde Ernährung**
26  53

**Definition Gesundheit**
12  71

**Selbstdiagnose und -therapie**
26  55

**Gesundheit als Normalzustand**
30  50

**Gesamt**
29  45

Zeilenprozente; n = 798   ■ Facebook   ■ Twitter   ☐ Foren

# Unternehmens-implikationen ____

IN DER
KOMMUNIKATION

Die Kommunikation rund um das Thema **„Mentale Gesundheit" erfordert eine Extraportion Empathie, Einfühlungsvermögen und die Fähigkeit, den richtigen Ton zu treffen** – und gleichzeitig beweist jeder, der das schafft, Kompetenz und Glaubwürdigkeit in diesem Bereich. Und positioniert sich damit als ernst zu nehmendes Gegenüber für sensible Themen.

Ein gesunder Lebensstil erfordert mehr Achtsamkeit denn je. Markenkommunikation kann den Rezipienten dabei unterstützen, die eigenen Bedürfnisse kennenzulernen, zu ihnen zu stehen und sie zu stillen. **Es geht um Bewusstseinschaffung für die individuell wichtigste Sache der Welt: das eigene Wohlbefinden.**

IN DER
PRODUKT- UND
SERVICE-
ENTWICKLUNG

Angebote für das individuelle Wohlbefinden des Einzelnen müssen auf die individuellen Bedürfnisse und Voraussetzungen Rücksicht nehmen. Personalisierung erschöpft sich nicht in DNA-Analysen. Lebenssituationen und Verwendungsvorlieben lassen sich auch aus User- und Befragungsdaten identifizieren. **Wichtig dabei: Wer ungefragt personalisierte Angebote macht, wirkt übergriffig.** Wer dem Kunden ein interessantes Angebot machen kann, dem werden auch freiwillig und bewusst die notwendigen Daten und Angaben überlassen.

**Persönliche Beratung wertet ein personalisiertes Gesamtangebot entscheidend auf:** Welche Ziele verfolgt der Kunde mit der Personalisierung des Produkts? Wie werden diese Ziele am besten erreicht – auch abseits der Produktverwendung? Wie werden personalisierte Produkte richtig bzw. optimal verwendet?

ALS
ARBEITGEBER
UND CORPORATE
CITIZEN

Betriebsgesundheit wird zum zentralen Faktor. In der Wissens- und Dienstleistungsgesellschaft geht es dabei stärker denn je um das emotionale und geistige Wohlbefinden, Gesundheit und Leistungsfähigkeit. **Sie werden zentrale Stellschrauben in der Wertschöpfung.**

Auch für betriebliche Gesundheitsmaßnahmen hat das Prinzip des One-fits-all ausgedient. **Vielmehr geht es um individuelle Angebote für die spezifischen Bedürfnisse des Einzelnen.**

Effektive Gesundheitsmaßnahmen gehen über punktuelle Interventionen hinaus. **Sie umfassen tatsächlich die gesamte Unternehmenskultur, die auf einen nachhaltigen und gesunden Umgang mit der „Ressource" Mensch achtet.**

**Female Health on the Rise.** Immer mehr Produkte und Dienstleistungen werden auf den weiblichen Körper maßgeschneidert: So hat **ooshi** die erste waschbare Periodenunterwäsche Deutschlands entwickelt, **elvie** eine Milchpumpe und einen Beckenbodentrainer, und **genneve** bietet Frauen in den Wechseljahren einen Gesundheitsconciergedienst an. Allen gemein ist, dass es um mehr als bloß das Angebot an sich geht: nämlich um die Enttabuisierung der behandelten Themenfelder. –
www.ooshi-berlin.de
www.elvie.com
www.genneve.com

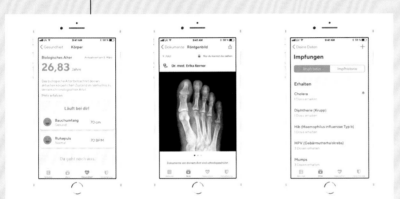

**Personal Health Provider.** Apple wird zum persönlichen Health-Cloud-Anbieter. **Apple Health** vereint nicht nur gesundheitsbezogene Daten von Apple Watch, iPhone und anderen Devices. Es erlaubt auch die zentrale Sammlung von Laborbefunden, Allergie- und anderen Daten. Gleichzeitig wird das iPhone zum Notfall-Pass. Die App **Vivy** positioniert sich als „persönliche Assistentin", die nicht nur alle Befunde verschlüsselt ablegt, sondern auch beim Verständnis der Daten hilft, das Weiterleiten und Teilen von Befunden erleichtert und an die Einnahme von Medikamenten oder an Impftermine erinnert. –
www.apple.com/ios/health
www.vivy.de

**Personalisierte Alltagsprodukte.** Personalisierte Produkte kehren in unseren Alltag ein. Der Mass-Customization-Pionier **mymuesli** bietet in Kooperation mit **Lykon** Müslis an, die nicht nur auf die individuellen geschmacklichen Präferenzen eingehen, sondern auf die DNA des Kunden. Um damit seinem Körper genau das zu geben, was er braucht und verträgt – oder um ihm zu helfen, erfolgreich abzunehmen. Auf einer individuellen Hautanalyse basiert auch das Angebot von **L'Oréal** in Partnerschaft mit **Skinceuticals**. Für jeden Kunden wird ein individuelles Hautserum produziert, das exakt auf die Bedürfnisse, wie Faltenreduktion oder ein ebeneres Hautbild, eingeht.
https://www.mymuesli.com/
https://www.skinceuticals.com/
customdose

# Experteninterview ___

# „Denkanstöße durch Psychedelika."

Wie lernen wir, unseren Fokus darauf zu legen, was uns wichtig ist? **Synthesis** sieht die Antwort zumindest teilweise in Psychedelika und bietet legale, medizinisch überwachte Psilocybin-Retreats an, mit dem Ziel, persönliches Wachstum, emotionale Durchbrüche und spirituelle Entwicklung zu erleben. Im folgenden Interview erklärt Mitbegründer und Geschäftsführer **Martijn Schirp** die Beziehung zwischen Psychedelika und Achtsamkeit sowie mögliche positive Auswirkungen auf die psychische Gesundheit.

F... **Sie bieten legale, medizinisch überwachte und wissenschaftlich fundierte psychedelische Retreats in Amsterdam an. Was hat Sie zur Gründung von Synthesis motiviert?**

A... Vor etwa zehn Jahren änderte sich mein Leben durch Psychedelika. Ich funktionierte perfekt und war schon früh sehr erfolgreich, litt aber unter leichten Suchterkrankungen, Zwangsstörungen, Depressionsschüben und dem Fehlen eines Sinns. Ein Teil meiner Genesung beruhte auf dem Eintauchen in Weisheitstraditionen wie den Buddhismus und den Schamanismus der Amazonasregion. Durch Meditation und Psychedelika erkannte ich, wo mich (generationsübergreifende) Traumata zurückhielten, und erholte mich. Der jetzt entstehende Markt weckte dann meine unternehmerische Begeisterung. Psychedelika sind mit nichts zu vergleichen. Psychoaktive Pflanzen wurden seit Urzeiten weltweit eingesetzt, fehlen heute aber seltsamerweise [im Portfolio unserer Medizin].

*Martijn Schirp macht die Geschichte der Menschheit – von unseren antiken Wurzeln in der Kosmologie bis hin zu schillernden Zukunftsfantasien – unendlich neugierig. Derzeit konzentriert sich der Mitbegründer und Geschäftsführer von Synthesis auf die Skalierung von Wachstum, Wohlbefinden und Transformation durch kontemplative Praktiken, immersive Technologie und Psychedelika.*

*www.synthesisretreat.com*

F... **In welchem Verhältnis stehen Ihre Dienstleistungen zu anderen Gesundheitstrends wie Achtsamkeit?** A... Grundsätzlich bieten Psychedelika, auch „Pflanzenmedizin" genannt, einen anderen Weg, Heilung, Selbstakzeptanz und sinnvolle Einsichten zu finden. Ich glaube, Achtsamkeit ist Teil eines größeren entstehenden Trends. Sie wurde im Westen in den Fünfziger- und Sechzigerjahren erstmals vermittelt, es dauerte jedoch Jahrzehnte, bis sie sich als Symbol für Entschleunigung, Reflexion und einen nach innen gerichteten Blick vollständig im modernen Bewusstsein verankerte. Achtsamkeit heißt, dass das eigene Handeln aus einer Verbundenheit mit uns selbst, unseren höchsten Ansprüchen und den Wesen um uns herum entsteht.

F... **Mit was für Fragen richten sich die Teilnehmer an Sie?** A... Generell kommen Menschen mit drei verschiedenen Absichten. Sie suchen nach Heilung, Wachstum oder einem Gefühl des Erwachens. Diese drei Kategorien hängen eng zusammen. Menschen erfahren Heilung, indem sie Sinn und Bedeutung finden. Sie werden bessere Ehepartner und Kollegen, indem sie sich besser um sich selbst kümmern. Was sie grundlegend vereint, ist aufrichtige Neugierde in Bezug auf sich selbst und ihren Platz im Universum – egal ob sie sich krank fühlen oder nicht. Unserer Meinung nach bieten wir ihnen ein Zuhause, in dem sie fühlen, entdecken und Verbindungen entstehen lassen können. Man muss aber verstehen, dass Psychedelika nicht jedes psychische Leid lindern können. Bestimmte Leiden, die als Überschuss von Entropie gesehen werden können, könnten dadurch noch schlimmer

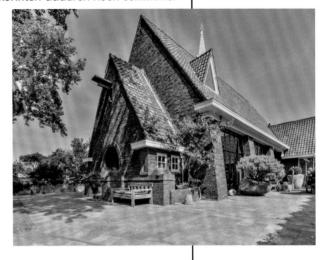

werden. Ich denke da an Schizophrenie, Psychose und vielleicht auch Borderline und bipolare Störungen. Es gibt ein Gleichgewicht zwischen ausreichender Struktur und Offenheit. Psychedelika machen uns offener, doch das ist nicht immer gut.

F... **Wie können Psychedelika positiv zu unserer psychischen Gesundheit und unserer persönlichen Entwicklung beitragen?** A... Denken Sie zum Beispiel an PTBS (Post-traumatische Belastungsstörung), bei der häufig ein Top-down-Glaube im Sinne von „Ich bin hier nicht sicher" auftritt. Das führt zu Hypervigilanz, Schlaflosigkeit, sozialer Angst, Akrophobie und anderen Leiden. Durch eine psychedelische Erfahrung könnte jemand, der an PTBS leidet, das Trauma erneut erleben, da es in den unteren Schichten des Gehirns noch nicht verarbeitet ist. Durch dieses Erlebnis könnte die Person dann erfahren, dass sie jetzt tatsächlich sicher ist, ihren vorherigen Glauben neu definieren und sich schließlich entspannen und erholen. PTBS lässt sich „als Vergangenheit" betrachten, „die sich weigert, Vergangenheit zu werden." Sie wird daher ständig als Pseudorealität auf das Jetzt projiziert. Eine psychedelische Erfahrung kann helfen, dies zu begreifen. Das trifft nicht nur auf psychische Erkrankungen zu, sondern auch auf alle anderen potenziell einschränkenden Überzeugungen, die ideologischer, politischer, historischer, religiöser und/oder philosophischer Natur sind. Die Integration in den Alltag ist einerseits sehr einfach und andererseits sehr schwierig. Einfach in dem Sinne, dass man Gesehenes nicht einfach übersehen kann. Doch die Bedingungen und Verhaltensweisen, die einen das überhaupt glauben ließen, sind noch immer vorhanden. Es ist daher wichtig, bestimmte Selbsthilfepraktiken zu einer Grundlage für sein Leben zu machen und sich ständig mit den Erkenntnissen und dem Ort der reinen Präsenz zu verbinden, von dem sie stammen. Damit sie mehr als eine interessante Erinnerung werden und sich von einem flüchtigen Zustand zu einem grundlegenden Persönlichkeitsmerkmal entwickeln, ist Übung erforderlich.

Das ungekürzte Interview im englischen Original ist unter www.werteindex.de/synthesis verfügbar.

Lesen Sie auch das Interview mit **Miriam Junge, Headspace Ambassador und Autorin,** über Achtsamkeit am Arbeitsplatz und ihre Meinung zu Microdosing auf www.werteindex.de/miriamjunge

# „Achtsamkeit bedeutet, dass das eigene Handeln aus einer Verbundenheit mit uns selbst, unseren höchsten Ansprüchen und all den Wesen um uns herum entsteht."

**Familienbande werden bewusster gesucht und gestaltet – und das geschieht nicht nur zwischen Eltern und Kindern, sondern ebenso in der Beziehung zu Großeltern, Geschwistern und Freunden.** Auch Tabus wie ungewollte oder bewusste Kinderlosigkeit wer-

FAMILIE

**den selbstbewusster zur Sprache gebracht.**
## Für Unternehmen heißt das: individuelle Lösungen finden – nicht nur für Eltern, sondern auch für pflegende Angehörige.

2020_Platz **2** Tendenz ↗ [ 2018_Platz 3 ]

# Trendperspektive ___
# Selbstbestimmte Lebensformen.

### Familie als Gestaltungsprojekt.

Familie, eine Schicksalsgemeinschaft? Nein. Wer und was Familie ist, gestalten wir immer unabhängiger von traditionellen Bildern – auch sexuellen Orientierungen oder Identitäten. Diese vielfältigen Möglichkeiten bedeuten allerdings auch, dass vieles (neu) verhandelt werden muss: Familiäre Beziehungen werden zu Projekten, an denen wir bewusster und aktiver arbeiten möchten. Die nötige Zeit und Energie gilt es zu investieren, die Ressourcen dazu sind allerdings knapp. Digitale Technologien helfen, das Projekt Familie zu managen. Und nicht zu vergessen, die Betreuungseinrichtungen und -personen, die helfen, den „Familienbetrieb" am Laufen zu halten. Kurz: Eine Familie „hat" man nicht, man muss sie „tun" – die Familiensoziologin Karin Jurczyk bringt diese Praxis mit dem Begriff „Doing Family" auf den Punkt.

### Selbstbewusst kinderlos.

Gleichzeitig entwickelt sich auch mehr Raum für eine offenere Diskussion rund um das tabuisierte Thema Kinderlosigkeit. Einerseits werden persönliche Erfahrungen in Bezug auf ungewünschte Kinderlosigkeit offener und bereitwilliger geteilt; andererseits wird die bewusste Entscheidung zur Kinderlosigkeit entstigmatisiert. Familie ist in Zeiten der Wahlverwandtschaften auch ohne eigene Kinder möglich. Familienplanung erhält auch einen neuen politischen Spin: Prinz Harry und Meghan Markle wollen der Umwelt zuliebe nur zwei Kinder bekommen, manche Frauen lassen sich deshalb sogar sterilisieren. Abseits davon wird in der breiteren Diskussion der lebenslange Single stolz zum Idealtypus des modernen, individualisierten Stadtmenschen hochstilisiert, der reflektiert neue Formen der Gemeinschaft lebt. Oder in den Worten einer Kampagne für Tinder: #SingleNotSorry.

### Wahlverwandtschaften.

Diese Entwicklungen bedeuten auch, dass die Pflege im Alter nicht mehr als gegeben angenommen werden kann – weder von der Seite der eigenen Kinder noch von staatlicher Seite. Unterschiedliche Lebensentwürfe und -mittelpunkte der Generationen erschweren das Idealmodell „Pflege zu Hause". Neue Modelle etablieren sich, und der Familienbegriff wird nochmals neu gedacht (siehe dazu auch das Interview mit Gernot Jochum-Müller auf Seite 40). Zentral ist: Zur Familie zählen die Menschen, die wir wollen. Das betrifft nicht nur Paar- und Eltern-Kind-Beziehungen, sondern auch Großeltern, Geschwister und Freunde. Gelingt die Beziehung nicht, wird sie nicht fortgeführt. Moderne Familienbande werden zwar intensiv gepflegt, aber nicht um jeden Preis.

### Lebenswelten anerkennen.

Für Unternehmen gilt, Familie als Quelle der Geborgenheit als wichtige Energieressource für ihre Mitarbeiter anzuerkennen und dieser entsprechend Raum zu geben. Hier geht es weiterhin darum, individuelle Lösungen zu ermöglichen. So können zum Beispiel Stundenreduktion, flexible Arbeitszeitmodelle und Homeoffice Eltern und pflegenden Angehörigen viel Druck aus der Mehrfachbelastung nehmen. Wichtig dabei ist, den Mitarbeitern eine wertschätzende Plattform für die Auseinandersetzung mit dem Thema, das Vortragen des persönlichen Anliegens und die Suche nach einer gemeinsamen Lösung zu bieten.

**❶ THEMENSCHWERPUNKTE**

Die Themenschwerpunkte verändern sich deutlich: „Familie als Wert" und „Aspekte des Familienlebens" werden seltener diskutiert. Ein häufigeres Thema sind „Interne Bedrohungen/Konfliktpotenziale" in der Familie.

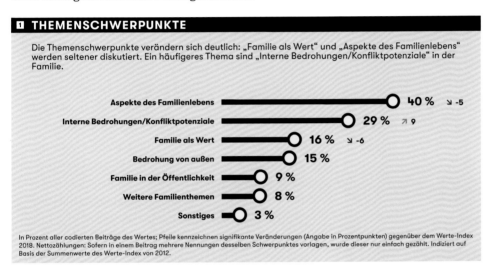

In Prozent aller codierten Beiträge des Wertes; Pfeile kennzeichnen signifikante Veränderungen (Angabe in Prozentpunkten) gegenüber dem Werte-Index 2018. Nettozählungen: Sofern in einem Beitrag mehrere Nennungen desselben Schwerpunktes vorlagen, wurde dieser nur einfach gezählt. Indiziert auf Basis der Summenwerte des Werte-Index von 2012.

**❷ TONALITÄT DER BEITRÄGE**

Die überwiegend neutrale Tonalität der Beiträge bestimmt alle Themen. Etwas positiver werden bestenfalls „Familie als Wert" und „Aspekte des Familienlebens" diskutiert.

**❸ THEMENPROFIL**

Das Themenprofil der Social-Media-Beiträge zum Wert Familie ändert sich nicht. Es finden sich fast ausschließlich sozial ausgerichtete Beiträge.

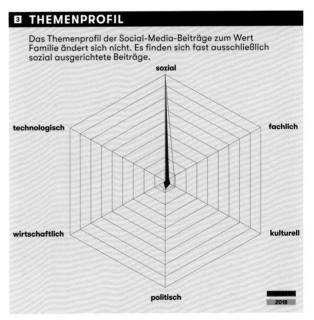

# Qualitätszeit, die nicht vermisst werden will.

### Konfliktpotenziale nehmen zu.

In der aktuellen Erhebung steigt der Wert Familie um einen Platz auf und nimmt somit den zweiten Rang ein. Wer über Familie spricht, spricht am häufigsten über Alltagsmomente mit den eigenen Lieben – dennoch nahm der Anteil der Kategorie „Aspekte des Familienlebens" von 45 auf 40 Prozent ab und nähert sich somit dem Niveau des Werte-Index 2016 an (vgl. Abbildung 1). Auch die Kategorie „Familie als Wert" wird um 6 Prozentpunkte weniger als in der vorangegangenen Untersuchung diskutiert. Häufiger werden hingegen „Interne Bedrohungen/Konfliktpotenziale" zur Sprache gebracht: Die Kategorie stieg von 20 auf 29 Prozent an. Auffällig ist, dass die Tonalität der Beiträge zwar überwiegend neutral ist, jedoch positive zugunsten neutraler Beiträge abnehmen. Der Blick auf die Tonalität nach Themenschwerpunkten (vgl. Abbildung 2) zeigt, dass „Familie als Wert" und „Aspekte des Familienlebens" im Verhältnis zum Ergebnis des gesamten Werts positiver, Bedrohungen von innen als auch von außen und „Weitere Familienthemen" wie Finanzen hingegen etwas negativer diskutiert werden. Das Themenprofil des Werts Familie bleibt stabil (vgl. Abbildung 3): Nahezu alle Beiträge sind sozial ausgerichtet.

Wie man Zeit mit der Familie verbringt, wird auf Instagram besonders gern und häufig dokumentiert.

### Familytime bleibt Qualitytime.

Was die meisten User bewegt, ist der einfache Familienalltag. In der Kategorie „Aspekte des Familienlebens" geht es um die ganz alltäglichen Erlebnisse mit der Familie (vgl. Abbildung 4). „Zeit mit der Familie" bleibt das wichtigste Einzelthema der User – auch wenn es im Vergleich zum Werte-Index 2018 etwas seltener genannt wird und um 4 Prozentpunkte sinkt. Hier berichten User von den geglückten Bemühungen, die Beziehungen zu gestalten, von den Freuden des Beisammenseins und des gemeinsamen Entdeckens an Ausflugswochenenden und auf Familienurlauben sowie von ihrem Gefühl der Zugehörigkeit. Von Ritualen und Routinen („Familienbräuche") wird signifikant weniger berichtet: Ihr

Fotos: mirieandme(li); claras.dad (re.)

Anteil sinkt von 12 auf nunmehr 3 Prozent. Besonders bei diesem Ergebnis gilt es allerdings zu beachten, dass die Mehrheit der Feiertage außerhalb des Untersuchungszeitraums der vorliegenden Untersuchung lagen.

### Der Verlust von Familie bewegt.

Im Vergleich zum Werte-Index 2018 werden „Interne Bedrohungen/Konfliktpotenziale" häufiger von den Usern besprochen. Der Blick auf die Detailergebnisse (vgl. Abbildung 5) zeigt, dass, während andere inhaltliche Details im Vergleich zur vorangegangenen Untersuchung konstant bleiben, hier vorwiegend Verlusterlebnisse oder -ängste in den Vordergrund rücken. Verfolgt man die Diskussionen in dieser Unterkategorie näher, geht es um Todesfälle von Familienmitgliedern sowie um das Ausdrücken des eigenen Beileids, wenn vom Verlust eines Menschen berichtet wird. Besonders bewegt hat hier das Schicksal von Mutter und Kind, die in Frankfurt vor einen Zug gestoßen wurden. Sorge bereiten ganz allgemein auch andere existenzielle Themen wie Krankheiten von Familienangehörigen oder aber auch die Sorge, selbst von der Familie z. B. nach einem Outing akzeptiert zu werden.

Auch Väter sind in Sachen Familie auf Instagram prominent vertreten - gerne von Anfang.

### Kein Auskommen mit dem Einkommen.

Auch im Werte-Index 2018 zeigte sich eine Häufung von Beiträgen, die sich mit dem finanziellen Auskommen von Familien beschäftigen. Dieses Thema ist in der vorliegenden Untersuchungswelle weiterhin präsent: Zu den wichtigsten Herausforderungen der Familie zählt die finanzielle Sicherheit, die für viele Beitragsautoren durch die Löhne und Gehälter nicht mehr zu erreichen ist. Auch

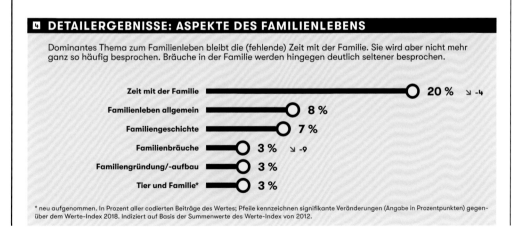

**5 DETAILERGEBNISSE: ASPEKTE DES FAMILIENLEBENS**

Dominantes Thema zum Familienleben bleibt die (fehlende) Zeit mit der Familie. Sie wird aber nicht mehr ganz so häufig besprochen. Bräuche in der Familie werden hingegen deutlich seltener besprochen.

| | |
|---|---|
| Zeit mit der Familie | 20 % ↘ -4 |
| Familienleben allgemein | 8 % |
| Familiengeschichte | 7 % |
| Familienbräuche | 3 % ↘ -9 |
| Familiengründung/-aufbau | 3 % |
| Tier und Familie* | 3 % |

* neu aufgenommen. In Prozent aller codierten Beiträge des Wertes; Pfeile kennzeichnen signifikante Veränderungen (Angabe in Prozentpunkten) gegenüber dem Werte-Index 2018. Indiziert auf Basis der Summenwerte des Werte-Index von 2012.

Auch Erwachsene
genießen die Zeit mit ihren
Eltern und zeigen das auf
Instagram.

andere Aspekte der Arbeitswelt, wie die Arbeitszeit sowie die Notwendigkeit, mehrere Jobs auszuüben, werden als Gefährdung für ein gelungenes Familienleben wahrgenommen. Die Leistungen des Sozialstaats werden mitunter als nicht ausreichend empfunden. So dominiert die Unterkategorie „Finanzen" mit 6 Prozent die Kategorie „Weitere Familienthemen". Das Diskussionsverhalten im Vergleich der Geschlechter zeigt: Familie ist längst kein Frauenthema. In vielen Kategorien sind Männer gleich oder sogar leicht stärker vertreten. Wenn es um alltägliche „Aspekte des Familienlebens" geht, melden sich jedoch Frauen häufiger zu Wort.

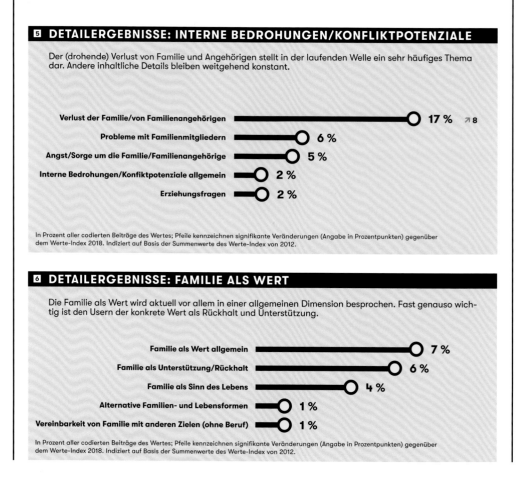

**5 DETAILERGEBNISSE: INTERNE BEDROHUNGEN/KONFLIKTPOTENZIALE**

Der (drohende) Verlust von Familie und Angehörigen stellt in der laufenden Welle ein sehr häufiges Thema dar. Andere inhaltliche Details bleiben weitgehend konstant.

| | |
|---|---|
| Verlust der Familie/von Familienangehörigen | 17 % ↗8 |
| Probleme mit Familienmitgliedern | 6 % |
| Angst/Sorge um die Familie/Familienangehörige | 5 % |
| Interne Bedrohungen/Konfliktpotenziale allgemein | 2 % |
| Erziehungsfragen | 2 % |

In Prozent aller codierten Beiträge des Wertes; Pfeile kennzeichnen signifikante Veränderungen (Angabe in Prozentpunkten) gegenüber dem Werte-Index 2018. Indiziert auf Basis der Summenwerte des Werte-Index von 2012.

**6 DETAILERGEBNISSE: FAMILIE ALS WERT**

Die Familie als Wert wird aktuell vor allem in einer allgemeinen Dimension besprochen. Fast genauso wichtig ist den Usern der konkrete Wert als Rückhalt und Unterstützung.

| | |
|---|---|
| Familie als Wert allgemein | 7 % |
| Familie als Unterstützung/Rückhalt | 6 % |
| Familie als Sinn des Lebens | 4 % |
| Alternative Familien- und Lebensformen | 1 % |
| Vereinbarkeit von Familie mit anderen Zielen (ohne Beruf) | 1 % |

In Prozent aller codierten Beiträge des Wertes; Pfeile kennzeichnen signifikante Veränderungen (Angabe in Prozentpunkten) gegenüber dem Werte-Index 2018. Indiziert auf Basis der Summenwerte des Werte-Index von 2012.

Foto: ayesha__1984

# „

**... familienzeit ist so kostbar!**

**... kinder brauchen keine ‚normale' familie, sondern menschen, die sie bedingungs– los lieben.**

**... arbeiten beide vollzeit, dennoch ist nicht jedes wochenende ein zoo- oder erlebnisparkbesuch drin.**

„

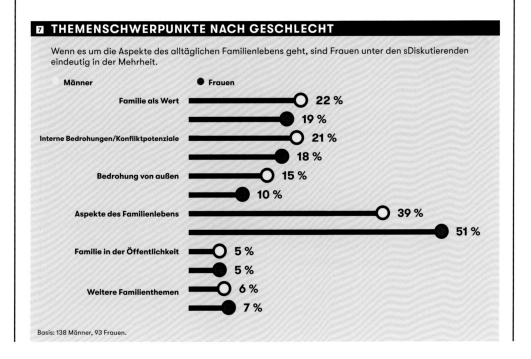

**7 THEMENSCHWERPUNKTE NACH GESCHLECHT**

Wenn es um die Aspekte des alltäglichen Familienlebens geht, sind Frauen unter den sDiskutierenden eindeutig in der Mehrheit.

○ Männer    ● Frauen

| | |
|---|---|
| Familie als Wert | 22 % |
| | 19 % |
| Interne Bedrohungen/Konfliktpotenziale | 21 % |
| | 18 % |
| Bedrohung von außen | 15 % |
| | 10 % |
| Aspekte des Familienlebens | 39 % |
| | 51 % |
| Familie in der Öffentlichkeit | 5 % |
| | 5 % |
| Weitere Familienthemen | 6 % |
| | 7 % |

Basis: 138 Männer, 93 Frauen.

# Unternehmens-implikationen ___

IN DER
KOMMUNIKATION

**Wer Familie in seiner Kommunikation thematisieren will, muss die Herausforderungen der Beziehungsarbeit zur Sprache bringen.** Es reicht nicht, bunte, perfekt inszenierte Bilder zu zeichnen. Spannender ist es, den Fokus von der sehnsuchtgetriebenen Suche nach Familie als Ort der Geborgenheit zu nehmen und auf die aktiven Seiten des „Doing Family" zu richten. Am besten empathisch und humorvoll.

IN DER
PRODUKT- UND
SERVICE-
ENTWICKLUNG

Was Familie ist, wird immer vielfältiger. **Es gilt, Familienangebote nicht mehr an das „klassische" Vater-Mutter-Kind-Bild zu binden, sondern sie entlang der selbst gewählten Beziehungstypen zu konzipieren.**

**Vielfältigere Herausforderungen im Familienleben werden zur Spielwiese für Produkt- und Service-Innovationen.** Sei es, ob es um die Organisation des Alltags von Jungfamilien geht, oder um Services, die das Familienleben über weite Strecken erleichtern und verbessern.

ALS
ARBEITGEBER
UND CORPORATE
CITIZEN

**Auch Arbeitgeber müssen Familie vielfältiger denken und individuelle Lösungen ermöglichen.** Denn selbst wenn die Erscheinungsformen sich diversifizieren, bleibt die Familie ein Sehnsuchtsort für Geborgenheit und eine einzigartige Energiequelle. Daher gilt es, die mit Familie – in jedweder Form – einhergehenden Verpflichtungen anzuerkennen und deren Erfüllung zu unterstützen – und das nicht nur bei Eltern, sondern genauso bei pflegenden Angehörigen.

Um viele der Herausforderungen des modernen Familienalltags zu lösen, werden Managementtools wie Slack ins Familienleben übertragen. Nun gilt es, diese Beziehung zu einer wechselseitigen zu machen **und die von den Mitarbeitern im Projekt Familie erworbenen sozialen Kompetenzen auch bewusst für den Berufsalltag nutzbar zu machen.**

Fotos: Markhof; Mayo; Tinder

WERTE-INDEX 2020   **038**   FAMILIE

**Beruf und Kinderwelt selbstverständlich integrieren.** Das ganzheitliche Konzept des **Markhof** – seines Zeichens das „Dorf in der Stadt" in Wien mit Co-Working-Space, Werkstätten, Probe-, Praxis- und Veranstaltungsräumen – integriert auch eine eigene Schule am gleichen Standort. Kinder lernen dort, wo andere Erwachsene ihren Arbeitsplatz haben. Davon profitieren alle Beteiligten. – https://markhof.wien/

**Häusliche Pflege besser bewältigen.** Um pflegende Angehörige zu unterstützen, bietet **Töchter & Söhne** auf seiner Plattform **curendo** kostenlose Online-Pflegekurse an. Zusätzlich wird die Kursplattform als White-Label-Version zur Verfügung gestellt sowie bei der Organisation der Pflegemittel geholfen, und es gibt Vor-Ort-Schulungen. **Myo** bietet Angehörigen und Pflegern die Möglichkeit, miteinander in Kontakt zu treten: Über Kurznachrichten, Bilder und Videos können Pfleger Einblicke in den Alltag geben, Angehörige können kommentieren und Wertschätzung ausdrücken. – www.toechtersoehne.com www.curendo.de www.myo.de

**Selbstbewusst Single.** Unter dem Motto #SingleNotSorry feiert **Tinder** das Single-Dasein. Die Dating-App ruft ihre Kernzielgruppe dazu auf, mit ihrem aktuellen Beziehungsstatus mit Sprüchen wie „Single lebt, wie Single will", „Single macht, was Single will", „Happy New Single" und „Single küsst, wen Single küsst" zufrieden zu sein, und lässt alle Facetten des Solo-Seins hochleben: ob es das Lackieren der Fußnägel in der Küche ist oder das Küssen aller Menschen, die man eben küssen will. Die Motive sollen für Abenteuer, Spaß und Selbstfindung im Single-Leben stehen. – www.tinder.com

# Experteninterview
## „Ein neuer Generationenvertrag."

Wenn Eltern alt werden, war das immer schon eine Herausforderung. Dass Menschen im Kreis der Jüngeren in der Familie alt werden können und dabei betreut sind, ist heute nicht mehr selbstverständlich. **Gernot Jochum-Müller** hat mit **Zeitpolster** ein System aufgebaut, in dem Jüngere im Alltag der Älteren aushelfen: einkaufen gehen, eine Glühbirne wechseln, etwas aufräumen. Die Stunden werden gutgeschrieben und können später, wenn man selbst Hilfe braucht, eingelöst werden. Gleichzeitig werden finanzielle Rücklagen gebildet, die im Fall des Falles auch für den Zukauf von Betreuung eingesetzt werden können.

F... **Welche Entwicklungen in unseren Familien öffneten eine Marktlücke für Zeitpolster?** A... Früher wurden Betreuungsleistungen selbstverständlich innerhalb der Familie organisiert. Nun hat sich in den letzten 30 Jahren die Frauenerwerbsquote von unter 25 Prozent auf rund 80 Prozent erhöht. Die Männer arbeiten immer noch gleich viel. Die familiären Netzwerke greifen nicht mehr so wie früher. Und auch die nachbarschaftlichen Netzwerke nicht. Der Bedarf an Betreuung ist enorm: Selbst wenn die Politik die finanziellen Mittel zur Verfügung stellen würde, würde das Personal dafür fehlen. Für viele ist der Ausweg eine 24-Stunden-Betreuung, obwohl sie gar nicht in diesem Ausmaß benötigt würde. Gleichzeitig entstehen Probleme in den Herkunftsländern der Betreuerinnen. Organisationen aus Deutschland bauen dort bereits Kinderbetreuungseinrichtungen auf, weil die Mütter fehlen. Schließlich habe ich selbst eine Mutter mit 89 Jahren, und wir sind – obwohl wir viele Geschwister sind – damit auch gefordert. Deshalb wollte ich eine Lösung für Österreich entwickeln.

**Gernot Jochum-Müller**
*ist Organisationsentwickler, Unternehmensberater und Gründer von Zeitpolster. Seit den 1990er-Jahren beschäftigt er sich mit selbst organisierten Tauschsystemen. In den 2000er-Jahren hat er ein Konzept zur „Zeitvorsorge" für die Stadt St. Gallen entwickelt und erfolgreich bei der Implementierung begleitet. Als Ashoka-Fellow arbeitet er nun an der Skalierung und Internationalisierung von Zeitpolster.*
*www.zeitpolster.com*

F... **Sie selbst haben mit ähnlichen Systemen bereits seit den 1990er-Jahren Erfahrungen gesammelt. Und manchmal festgestellt: So funktioniert es nicht. Was hat sich dabei in Ihrem Ansatz geändert?** A... Wir sind anfangs davon ausgegangen, dass vor allem Frauen, deren Kinder langsam aus dem Haus sind, mithelfen werden. Das ist auch der Fall – aber nicht gegen Zeitgutschriften. Das ist viel zu früh im Leben. Denen ist das Geld bar auf die Hand lieber, um damit einen Beitrag zum Lebensunterhalt zu leisten. Aber durch die Zeitgutschriften lassen sich Menschen aktivieren, die sonst eher nicht freiwillig oder für geringe Bezahlungen aktiv werden. Das war eine zentrale Erkenntnis: Das Modell „Ich spare Zeitgutschriften an, die ich im Alter selbst für Betreuungsleistungen einlösen kann" – also quasi ein Generationenvertrag – spricht eine ganz bestimmte Gruppe an. Das sind vor allem Frauen, älter als 55 Jahre, junge Rentner, die bereits wieder mehr Zeit haben. Es gibt zudem Menschen, die ohnehin schon freiwillig arbeiten, aber die Chance nutzen, vorsorgen zu können – weil die Kinder irgendwo in der Welt sind.

F... **Was ist bei Zeitpolster anders als bei anderen Freiwilligen-Initiativen?** A... Zeitpolster war von Anfang an auf Skalierung ausgelegt und als selbstfinanzierendes Geschäftsmodell gedacht. Die allermeisten der Freiwilligen-Modelle sind klein und lokal. Gleichzeitig ist viel zu tun: Gruppen sind zu organisieren, es muss viel kommuniziert werden, Zeitungen werden herausgegeben. Man muss sich technisch auskennen, juristisch firm sein und mit Geld umgehen können. Die Anforderungen an die Freiwilligen werden sehr schnell sehr groß. Kleine Initiativen sind damit deutlich überfordert. Das trägt selten langfristig. Ich bin Organisationsentwickler. Ich habe mir sehr genau angeschaut, welche Faktoren über Gelingen und Scheitern entscheiden. Ich habe ein Modell entwickelt, das sich sehr leicht skalieren lässt und die Tätigkeiten für die Freiwilligen deutlich vereinfacht. Lokale Gruppen bekommen von uns jedes Formular, jeden Pressetext, Flyer, Datenbanksysteme, Verträge, Mailadresse, Smartphone – all das. Auch die Abrechnung und Versicherung werden zentral erledigt.

F... **Welche anderen positiven Wirkungen entstehen durch Zeitpolster?** A... Wenn kleine Betreuungsleistungen wie die Unterstützung beim Einkaufen gut gemeistert werden, verzögert sich der Weg bis zur Pflege. Das heißt, die Phase der deutlich aufwendigeren Pflege wird nach hinten verschoben. Es entstehen neue Beziehungen. Es kommt oft vor, dass jemand sagt: „Ich habe eine Stunde aufgeschrieben, aber nachher haben wir noch Kaffee getrunken." Es passieren auch wirklich schöne Dinge. Unsere Helfenden sehen, was eine bestimmte Familie braucht. Und sagen: „Ich kenn da wen, der kann das." Und damit ist das Problem gelöst. Das passiert in einem professionellen Rahmen nicht, weil dort niemand sein privates Netzwerk für den Beruf einspannen kann. Letztendlich bedeutet Zeitpolster für pflegende Angehörige einen Nachmittag in der Woche, an dem man nicht verfügbar sein muss.

Lesen Sie auch das Interview mit **Christine Wagner** von **Familyship** über neue Formen der Familie abseits jeder vorgegebenen Tradition auf www.werteindex.de/familyship

# „Durch Betreuung Zeitgutschriften ansparen und im Alter für Betreuung einlösen – quasi ein Generationenvertrag."

**Was Erfolg ist, bestimmen wir selbst.** Erfolgsgeschichten werden individueller und erzählen
über neu Gelerntes, selbst Geschaffenes und
mutig Erprobtes. All das im Bewusstsein, dass
Erfolg in bedeutungsvollen Beziehungen
besonders sinnstiftend ist. Für Unternehmen

**gilt es, sich als Möglichkeitsplattformen zu präsentieren und die eigenen Werte mit denen der Mitarbeiter abzugleichen.**

2020_Platz ③ Tendenz ↗ [ 2018_Platz 6 ]

ERFOLG

### Erfolg als er- und gelebtes Wertesystem.

Auch wenn der Wert Erfolg über die Jahre deutliche Schwankungen verzeichnet hat und in dieser Erhebung wieder auf den dritten Rangplatz aufsteigt, so folgt er inhaltlich einem klaren Trend: Das Verständnis von Erfolg rückt noch weiter ins Immaterielle. Materielle Sicherheit ist zwar wichtig. Aber Statussymbole zu kaufen ist unattraktiv. Es geht vielmehr um das Erleben und Leben eines „guten" Wertesystems. Und das geht über das Ausüben einer Erwerbstätigkeit an sich hinaus: Erfolg wird ganzheitlicher gedacht. Was dabei „gut" ist und welche Ziele zum Erfolg führen, definiert der Einzelne selbst. Wichtig ist, sich seiner eigenen Werte bewusst zu sein und diesen bei der Umsetzung treu zu bleiben. Der Weg zum Erfolg ist bereits sinnstiftend. Erfolgsgeschichten werden vielfältiger – und vor allem eines: weiblich.

### Durch eigene Projekte wachsen.

Mit der Durchdringung dieses Werts durch alle Lebensbereiche bekommt Erfolg einen sehr individuellen Charakter: Tätigkeiten und Rollen werden in Projekten zusammengefasst, die sowohl sinnstiftend sein als auch der Selbstverwirklichung dienen sollen. Denn Erfolg bedeutet nicht mehr, einen bestimmten Jobtitel zu haben oder für ein renommiertes Unternehmen zu arbeiten, sondern selbst etwas auf die Beine zu stellen. Für das Projekt – oder gar das Start-up – wird voller Idealismus der ganze Mut zusammengenommen, mit viel Leidenschaft Neues gelernt und glorreich gescheitert. Das haben auch die Fuckup Nights (siehe Werte-Index 2018) gezeigt: Fehler gehören dazu – genau die sind mit einem Growth-Mindset besonders produktive Momente.

### Erfolg sind viele.

Selbstverwirklichung und persönliches Wachstum bedeuten jedoch nicht Einzelkämpferdasein: Das Bewusstsein dafür, dass Erfolg etwas ist, was aus einem Team heraus entsteht und gemeinsam definiert wird, wächst. Die Leidenschaft des Einzelnen nimmt durch das Arbeiten in Projektnetzwerken Form an. Hierbei wird nicht mehr bloß genetworkt und werden Visitenkarten ausgetauscht – es sollen tiefere, bedeutungsvolle Beziehungen zu den Projektpartnern aufgebaut werden. Exakt diese zahlen auf das Prinzip Purpose – Sinnstiftung – ein (siehe dazu auch Interview mit John Stepper auf Seite 52).

Foto vorherige Seite: shutterstock/Andrii Oleksiienko

## Unternehmen als Enabler.

Auf den ersten Blick wirkt das alles vermutlich recht eigenwillig. Unternehmen können hier jedoch eine tragende Rolle einnehmen: als Möglichkeitsplattformen. Konkret heißt das, die Unternehmenswerte mit denen der Mitarbeiter abzugleichen. Denn Werte wie die Gleichstellung für Frauen werden zu relevanten Entscheidungskriterien für oder gegen einen Job. Die neue Lust am Lernen kann durch mehr Aus- und Weiterbildungsangebote befeuert werden. Der Drang, eigene Ideen und Projekte voranzubringen, durch mehr Freiräume. Vielleicht ergibt sich dadurch sogar ein neuer Geschäftszweig oder ein Spin-off? Abgerundet mit gemeinsam definierten alternativen Erfolgsindikatoren, bieten Unternehmen so letztendlich eine attraktive Spielwiese und einen sicheren Hafen angesichts einer fragmentierten und auch prekären Gig-Economy.

**1 THEMENSCHWERPUNKTE**

Erfolg verzeichnet 2020 spürbare Schwerpunktverschiebungen: Während Erfolge im politischen Bereich und Wege zum Erfolg stärker diskutiert werden, werden (andere) Erfolgsgegenstände oder persönliche Erfolge seltener besprochen.

| | | |
|---|---|---|
| Gegenstand des Erfolgs | 49 % | ↘ -7 |
| Persönliche Erfolge | 26 % | ↘ -7 |
| Politische Erfolge | 25 % | ↗ 9 |
| Wege zum Erfolg | 17 % | ↗ 6 |
| Konsequenzen von Erfolg | 3 % | |
| Erfolg als Messlatte/Orientierung | 1 % | |

In Prozent aller codierten Beiträge des Wertes; Pfeile kennzeichnen signifikante Veränderungen (Angabe in Prozentpunkten) gegenüber dem Werte-Index 2018. Nettozählungen: Sofern in einem Beitrag mehrere Nennungen desselben Schwerpunktes vorlagen, wurde dieser nur einfach gezählt. Indiziert auf Basis der Summenwerte des Werte-Index von 2012.

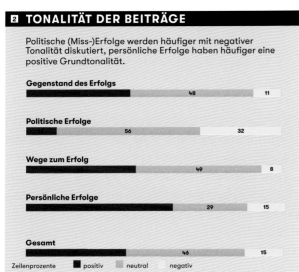

**2 TONALITÄT DER BEITRÄGE**

Politische (Miss-)Erfolge werden häufiger mit negativer Tonalität diskutiert, persönliche Erfolge haben häufiger eine positive Grundtonalität.

Gegenstand des Erfolgs — 48 / 11
Politische Erfolge — 56 / 32
Wege zum Erfolg — 49 / 8
Persönliche Erfolge — 29 / 15
Gesamt — 46 / 15

Zeilenprozente ■ positiv ▨ neutral □ negativ

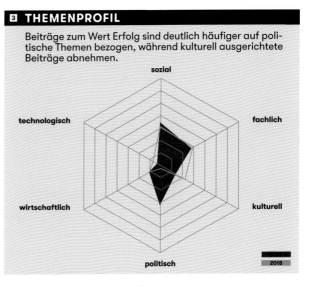

**3 THEMENPROFIL**

Beiträge zum Wert Erfolg sind deutlich häufiger auf politische Themen bezogen, während kulturell ausgerichtete Beiträge abnehmen.

sozial · fachlich · kulturell · politisch · wirtschaftlich · technologisch

■ 2018

# Politische Erfolge bewegen, persönliche Erfolge entstehen im Team.

### Weiterhin stabile Themenlage.

Auch wenn Erfolg um drei Plätze auf den dritten Rangplatz aufsteigt, zeigen sich innerhalb des Werts im Vergleich zum Werte-Index 2018 nur wenige Veränderungen, sondern eher eine Verstärkung oder Fortsetzung der damaligen Entwicklungen. Unverändert zu 2016 und 2018 blieben die drei am häufigsten diskutierten Themen

Auch zum Wert Erfolg werden auf Instagram gern Motivationsformeln gepostet – manche allgemeingültig, manche aus eigener Erfahrung.

„Gegenstand des Erfolgs", „Persönliche Erfolge" sowie „Politische Erfolge" (vgl. Abbildung 1). Dabei nahm der Anteil der Kategorie „Gegenstand des Erfolgs" um weitere 7 Prozentpunkte ab und ist somit gleichauf mit dem Niveau, das sie im Werte-Index 2014 erreichte. Innerhalb der Kategorie verändern sich die Subthemen nur leicht: Der Erfolg im Sport sowie der Erfolg im IT-Bereich werden anteilig signifikant weniger häufig diskutiert, der Erfolg von Projekten anteilig signifikant häufiger diskutiert (vgl. Abbildung 4). Auch dieses Jahr nimmt das Gespräch über Fußballvereine und ihre Erfolge und Misserfolge einen zentralen Stellenwert ein. Im Gegensatz dazu spielt das aktive Betreiben von Sport in den Textbeiträgen eine deutlich untergeordnetere Rolle. Ein weiterer Trend, der sich bereits 2016 zeigte und sich 2018 fortsetzte, ist, dass die großen Erfolgsstorys von Unternehmen kaum Gegenstand der Diskussion sind. Bei den persönlichen Erfolgen dominieren unverändert Erzählungen von Alltagserlebnissen und Wünsche für andere. Berichte von beruflichen Erfolgen und Misserfolgen spielen eine nachrangige Rolle.

### Konstant steigende Politisierung.

Der weitere Anstieg der Diskussion politischer Erfolge, der sich im Themenprofil (vgl. Abbildung 3) eindeutig niederschlägt, ist auf die politischen Turbulenzen im Erhebungszeitraum zurückzuführen: die Unklarheit über den SPD-Vorsitz, die EU-Wahlen sowie die zahlreichen Landkreis- und Landtagswahlen, die von einem prognostizierten (und eingetroffenen) weiteren Aufstieg der AfD geprägt waren. Die Tonalität der Diskussionen ist hier deutlich negativer als im Schnitt der Beiträge zum Wert Erfolg (vgl. Abbildung 2). Erfolg bedeutet in dieser Kategorie weiterhin vor allem Wahlerfolg und die Bestimmung des gesellschaftlichen Diskurses, aber auch, wie authentisch Parteien die Inhalte der Fridays-for-Future-Bewegung aufgreifen können. Die inhaltlichen Erfolge von politischer Arbeit – was haben einzelne poli-

tische Kräfte tatsächlich umgesetzt? – bleiben in der Diskussion ein Nischenphänomen. Interessant ist, dass sich Influencer genauso wie die restlichen User am politischen Diskurs beteiligen (vgl. Abbildung 7). Unterschiede sind bei anderen Themenschwerpunkten beobachtbar: Influencer äußern sich wesentlich öfter zu den Erfolgsstrategien und bedienen damit die vermuteten Needs ihrer Follower. Nicht-Influencer berichten hingegen häufiger über ihre persönlichen Erfolge.

Reflexionen über den Wert Erfolg werden bevorzugt mit einem Selfie dokumentiert.

**Erfolg ist attraktiv, weiblich und eine Teamleistung.**
Es fällt auf, dass Erfolg signifikant häufiger auf Instagram als auf anderen Kanälen thematisiert wird. Der Blick auf die Bilder zeigt, dass nach wie vor das Festhalten der

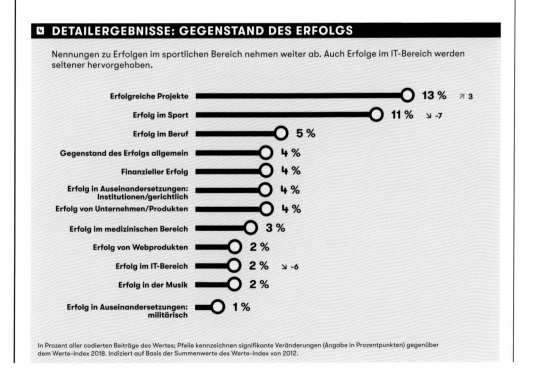

## 🄴 DETAILERGEBNISSE: GEGENSTAND DES ERFOLGS

Nennungen zu Erfolgen im sportlichen Bereich nehmen weiter ab. Auch Erfolge im IT-Bereich werden seltener hervorgehoben.

| | |
|---|---|
| Erfolgreiche Projekte | 13 % ↗ 3 |
| Erfolg im Sport | 11 % ↘ -7 |
| Erfolg im Beruf | 5 % |
| Gegenstand des Erfolgs allgemein | 4 % |
| Finanzieller Erfolg | 4 % |
| Erfolg in Auseinandersetzungen: Institutionen/gerichtlich | 4 % |
| Erfolg von Unternehmen/Produkten | 4 % |
| Erfolg im medizinischen Bereich | 3 % |
| Erfolg von Webprodukten | 2 % |
| Erfolg im IT-Bereich | 2 % ↘ -6 |
| Erfolg in der Musik | 2 % |
| Erfolg in Auseinandersetzungen: militärisch | 1 % |

In Prozent aller codierten Beiträge des Wertes; Pfeile kennzeichnen signifikante Veränderungen (Angabe in Prozentpunkten) gegenüber dem Werte-Index 2018. Indiziert auf Basis der Summenwerte des Werte-Index von 2012.

Erfolge sind Team-
leistungen – das wird
auf Instagram in vielen
Beiträgen klar.

eigenen Erfolge die bedeutendste Rolle spielt. Dabei belegen nicht nur die begleitenden Texte, sondern auch die Anzahl der abgelichteten Gesichter, dass Erfolg als eine Teamleistung verstanden wird. Denn das ist eines der Rezepte zum Erfolg, die besonders gern auf diesem Medium diskutiert werden. Erfolgsstrategien werden gern textlich aufbereitet und zeigen, dass sich das Growth-Mindset sowohl auf berufliche als auch auf persönliche Dimensionen anwenden lässt. Auffällig ist, dass besonders viele der veröffentlichten Fotos, die sich auf berufliche Erfolge beziehen, von weiblichen Usern stammen, die andere Frauen dazu ermutigen, es ihnen gleichzutun.

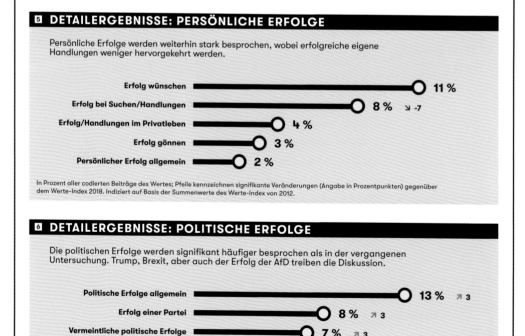

### 5 DETAILERGEBNISSE: PERSÖNLICHE ERFOLGE

Persönliche Erfolge werden weiterhin stark besprochen, wobei erfolgreiche eigene
Handlungen weniger hervorgekehrt werden.

| | |
|---|---|
| Erfolg wünschen | 11 % |
| Erfolg bei Suchen/Handlungen | 8 % ↘ -7 |
| Erfolg/Handlungen im Privatleben | 4 % |
| Erfolg gönnen | 3 % |
| Persönlicher Erfolg allgemein | 2 % |

In Prozent aller codierten Beiträge des Wertes; Pfeile kennzeichnen signifikante Veränderungen (Angabe in Prozentpunkten) gegenüber
dem Werte-Index 2018. Indiziert auf Basis der Summenwerte des Werte-Index von 2012.

### 6 DETAILERGEBNISSE: POLITISCHE ERFOLGE

Die politischen Erfolge werden signifikant häufiger besprochen als in der vergangenen
Untersuchung. Trump, Brexit, aber auch der Erfolg der AfD treiben die Diskussion.

| | |
|---|---|
| Politische Erfolge allgemein | 13 % ↗ 3 |
| Erfolg einer Partei | 8 % ↗ 3 |
| Vermeintliche politische Erfolge | 7 % ↗ 3 |

In Prozent aller codierten Beiträge des Wertes; Pfeile kennzeichnen signifikante Veränderungen (Angabe in Prozentpunkten)
gegenüber dem Werte-Index 2018. Indiziert auf Basis der Summenwerte des Werte-Index von 2012.

# „

... **erfolge müssen gemeinsam gefeiert werden.**

... **ich habe vieles probiert – letztendlich waren meine motivationsgründe und innere haltung der beste weg zum erfolg.**

... **der erfolg der afd ist auf die schlechte politik der anderen parteien zurückzuführen.**

„

**7 INFLUENCER**

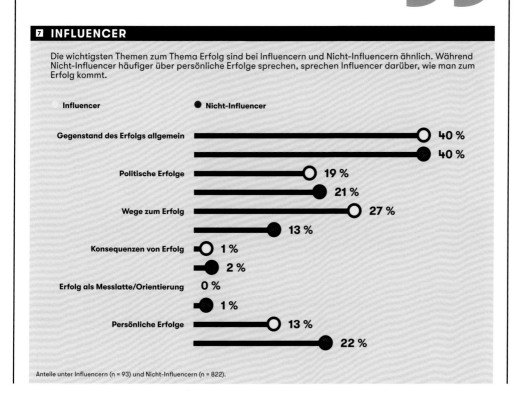

Die wichtigsten Themen zum Thema Erfolg sind bei Influencern und Nicht-Influencern ähnlich. Während Nicht-Influencer häufiger über persönliche Erfolge sprechen, sprechen Influencer darüber, wie man zum Erfolg kommt.

○ Influencer        ● Nicht-Influencer

| | Influencer | Nicht-Influencer |
|---|---|---|
| Gegenstand des Erfolgs allgemein | 40 % | 40 % |
| Politische Erfolge | 19 % | 21 % |
| Wege zum Erfolg | 27 % | 13 % |
| Konsequenzen von Erfolg | 1 % | 2 % |
| Erfolg als Messlatte/Orientierung | 0 % | 1 % |
| Persönliche Erfolge | 13 % | 22 % |

Anteile unter Influencern (n = 93) und Nicht-Influencern (n = 822).

# Unternehmens-implikationen ▬▬

Fotos: Bosch; campus; Sidepreneur

**IN DER KOMMUNIKATION**

Unternehmen können in den Erfolgsgeschichten rund um individuelle Leidenschaften und die Sinnstiftung durch persönliche Projekte eine tragende Rolle spielen: als Möglichkeitsplattformen. **In der Markenkommunikation gilt es deswegen, das eigene organisatorische Umfeld als anregenden Wissenshub, wohlwollende Spielwiese und gelebte Wertegemeinschaft zu präsentieren.** So werden die gemeinsam gefeierten individuellen Erfolgsgeschichten zu einem markanten Teil der Unternehmensgeschichte.

**IN DER PRODUKT- UND SERVICE-ENTWICKLUNG**

Auch der Erwerb von Produkten und die Inanspruchnahme von Dienstleistungen können ihren Teil zu den alltäglichen Erfolgserlebnissen des Einzelnen beitragen. Hier ist das zentrale Schlagwort Kundenzentriertheit. **Wer dazu beiträgt, seine Kunden in wichtigen Entscheidungen zuverlässig zu unterstützen oder ihnen gar einige davon abzunehmen, gewinnt.**

**ALS ARBEITGEBER UND CORPORATE CITIZEN**

Das Verständnis als Möglichkeitsplattform gilt es auch für seine Mitarbeiter zu leben. **Mitarbeiter mit Growth-Mindset sind am lebenslangen Lernen interessiert.** Um diesen Wissensdurst zu stillen, müssen Unternehmen einerseits ein breites Aus- und Weiterbildungsangebot anbieten, andererseits zugleich die Räume schaffen, wo neues Wissen und neue Ansätze ausprobiert werden können.

**Wer seine Mitarbeiter als Menschen mit verschiedenen Interessen anerkennt und diese auch in den weniger offensichtlich betriebsrelevanten Gebieten fördert, kann sie leichter im Unternehmen halten.** Die Freiräume können durch Chief Purpose Officer eruiert und durch Maßnahmen wie eine Stundenreduktion oder die Schaffung von Strukturen für Intrapreneurship wie durch Inkubatorenprogramme und Innovation-Labs geschaffen werden.

Je spürbarer die Erfolgserlebnisse, desto zufriedener sind die Mitarbeiter. Hierzu ist wichtig, **dass Erfolg messbar ist und dessen Maßstäbe transparent kommuniziert werden.** Das gelingt dann besonders gut, wenn die Erfolgsindikatoren gemeinsam im Team bestimmt werden. Zum Abrunden fehlt dann nur noch eines: Die Erfolge gemeinsam zu feiern!

**Interdisziplinäres Arbeiten fördern.** Bei Bosch ist **Working Out Loud** (siehe Interview auf Seite 52) als Graswurzelinitiative auf Betreiben eines Co-Creation-Teams ins Leben gerufen worden. Seit 2016 befähigen sich so über 4.000 Mitarbeiter, virtuell in Netzwerken zusammenzuarbeiten und voneinander zu lernen. Die Kleingruppen aus unterschiedlichen Bereichen treffen sich über zwölf Wochen hinweg und erfahren gemeinsam, wie sie ein themenbasiertes Netzwerk aufbauen und mit dessen Hilfe ihre Ziele erreichen können. Durch die erhöhte Sichtbarkeit der eigenen Arbeit entsteht ein Mehrwert für das ganze Netzwerk. –
www.bosch.de

**Produktiver, begeisterter und kreativer in nur 25 Stunden.** Um seinen Mitarbeitern eine ausgeglichenere Work-Life-Balance zu ermöglichen, hat **Rheingans Digital Enabler** ein Experiment gewagt: einen 5-Stunden-Arbeitstag bei gleichem Gehalt und Urlaubsanspruch. 2017 wurde es vom Medienunternehmer Lasse Rheingans mit seinen 17 Mitarbeitern gestartet – der Erfolg war so groß, dass dieses Arbeitszeitmodell beibehalten und die Erkenntnisse 2019 in einem Buch „Die 5-Stunden-Revolution. Wer Erfolg will, muss Arbeit neu denken" in die Welt hinausgetragen wurden. –
www.digitalenabler.de

**Die persönliche Leidenschaft kommerzialisieren.** Neue Plattformen unterstützen bei der Verwirklichung eigener Projekte – ob parallel zu einer Anstellung oder als Spin-off im arbeitgebenden Unternehmen, spielt dabei keine Rolle. Nebenberuflich Selbstständige finden auf **sidepreneur.de** nicht nur Gleichgesinnte, sondern auch Erfahrungen, Tipps, Tricks und mehr im Blog- und Podcastformat. Nach demselben Modell wird **Corporate Entrepreneurs** aufgebaut, wo zusätzlich die Möglichkeit der Vernetzung von potenziellen Intrapreneuren und Unternehmen angeboten werden soll. –
www.sidepreneur.de
www.corporate-entrepreneurs.de

# Experteninterview ___

# „Es geht nicht darum, Gutes für die Beschäftigten oder das Unternehmen zu tun, sondern etwas zu bewirken, was für beide Seiten gut ist."

Wie bleibt ein Unternehmen in schwierigen Zeiten widerstandsfähig? Wie können Beschäftigte unternehmerischer sowie agiler werden, und wie lässt sich Arbeit als angenehmeres Erlebnis organisieren? **Working Out Loud** (WOL) ist eine einfache, aber wirkungsvolle Methode, die **John Stepper** entwickelte, um eine kollaborativere Kultur zu schaffen, die für produktivere Unternehmen und zufriedenere Beschäftigte sorgt.

F... **Wie haben Sie erkannt, dass wir Arbeit „wieder humanisieren" müssen?** A... Ich habe 30 Jahre lang in großen Unternehmen gearbeitet. Dabei wurde mir klar, wie wenig Kontrolle ich hatte, wie abhängig ich von der Meinung oder einfach nur der Laune eines Chefs und seinen Leistungsbewertungen war. Mit einem neuen Manager kamen neue Meinungen und neue Launen. Es war in allen Unternehmen wie ein Karriere-Roulette. Konnte das für mich funktionieren? Bei mir und den Menschen um mich herum führte das oft zu Angst, Konkurrenzdenken und Abwehrverhalten, was sowohl für den Einzelnen als auch für das Unternehmen schlecht war. Die Schuld daran lag nicht bei Einzelnen. Es war ein Ergebnis der Umgebung, der Systeme und Prozesse. Anstatt auf eine Änderung der Umgebung zu warten, suchte ich nach Wegen, wie man als Einzelner Veränderungen bewirken kann.

F... **Was bedeutet das für das Verständnis von Erfolg?** A... Alle Unternehmen, mit denen ich arbeite, wollen, dass ihre Beschäftigten unternehmerischer, agiler oder unabhängiger werden. Ihr Management hat verstanden, dass sich in einer „VUCA-Welt" keine Anweisungen mehr über das Organigramm kaskadieren lassen, wenn man in einer schnelllebigen Zeit Erfolg haben möchte. Doch die Beschäftigten wurden über ein Jahrhundert lang genau dazu angewiesen: Tut, was eure Vorgesetzten sagen, und lasst alles vorab genehmigen. Wie soll man das rückgängig machen? „Erfolg" heißt nicht mehr, dass alle die zu Jahresbeginn mit ihren Vorgesetzten vereinbarten Ziele erreichen. Individueller Erfolg heißt, dass Beschäftigte all ihre Fähigkeiten am Arbeitsplatz einsetzen können, um ihr Potenzial besser zu entfalten. Für Unternehmen bedeutet Erfolg, ein Umfeld zu schaffen, das mehr Beschäftigten diese Art von Erfolg ermöglicht. Der Erfolg eines Unternehmens ist zunehmend etwas, was sich entwickelt, und nicht nur das Ergebnis eines zentralen Plans.
Der Dichter David Whyte beschrieb dies in seinem Buch „Crossing the Unknown Sea" auf wunderbare Weise: „Unternehmen brauchen die tragende Vitalität aller Menschen,

*Nachdem er drei Jahrzehnten in großen Unternehmen tätig war, entwickelte **John Stepper** „Working Out Loud", um das individuelle und kollektive Potenzial am Arbeitsplatz besser abzurufen. John Stepper berät Unternehmen in der Anwendung von Working Out Loud zur Entwicklung einer stärker kollaborativ geprägten Kultur sowie zur Förderung besserer Karrieren und Leben für ihre Beschäftigten.*

workingoutloud.com

die für sie arbeiten, um im Meer der Veränderlichkeit, in dem sie sich befinden, zu überleben."

F… **Lässt sich die Idee von individuellem Erfolg und Unternehmenserfolg immer vereinen? Wie sehen Sie die viel zitierte Generation Y und Z?** A… Immer? Nein. Ist möglich? Absolut. Ich versuche, dass Menschen in ihrem WOL Circle erleben, dass sie sich nicht unbedingt zwischen etwas entscheiden müssen, was entweder gut für sie oder für das Unternehmen ist. Stattdessen können sie Fähigkeiten und Fertigkeiten entwickeln, die für beide Seiten gut sind. Das Geben und Nehmen, das sich in einem Circle und dem wachsenden Netzwerk eines Menschen abspielt, hilft dabei, ein Gefühl des Zusammenhangs zu erleben, das individuelle und kollektive Ziele vereint. Was die Generationenunterschiede angeht, finde ich, dass wir uns eher ähneln, als dass wir uns unterscheiden. Als Menschen wohnen uns die gleichen grundlegenden Bedürfnisse inne: Kontrolle, ein Gefühl der Kompetenz oder des Fortschritts sowie der Verbundenheit mit anderen und der Bedeutung unseres Tuns. Wir mögen sie unterschiedlich ausdrücken, doch die Bedürfnisse sind die gleichen.

F… **Können Sie uns Beispiele nennen, wie Unternehmen WOL angewendet haben und was ihre Erfahrungen damit waren?** A… In vielen Unternehmen breitet sich Working Out Loud wie eine Art Graswurzelbewegung aus, die meist von wenigen Early Adoptern ausgelöst wird, die eine persönliche Weiterentwicklung anstreben und mit neuen Fähigkeiten Ziele erreichen wollen. Dann spricht es sich herum, und die Bewegung wächst organisch. Bei manchen Unternehmen ist das aber auch schon alles. Andere Unternehmen wollen weiter gehen, um neue Fähigkeiten, Gewohnheiten und Perspektiven skalierbar zu vermitteln. Dafür muss man WOL normalisieren und es in den Arbeitsalltag einbinden. Unternehmen wie Merck, Bosch, Daimler und zuletzt die Deutsche Bahn tun dies, indem sie Materialien anpassen und WOL Circles in bestehende Programme wie Onboarding, Führungskräfteentwicklung und Kulturwandel integrieren. Dies macht es einer größeren Anzahl von Beschäftigten leichter, einen Circle auszuprobieren, WOL mit ihrer Arbeit zu verbinden und die Vorteile zu erleben. Christoph Kübel, CHRO von Bosch, sagte: „WOL steht für eine Denkweise, die wir in einer vernetzten Welt dringend brauchen." Michael Brecht, Vorsitzender des Gesamtbetriebsrats von Daimler, meinte: „Working Out Loud macht die Arbeit menschlicher." Mit Unterstützung von der Basis bis in die Vorstandsetage können Sie viele Tausende von Beschäftigten erreichen und genau die sinnvolle Veränderung bewirken, die wir anstreben.

Lesen Sie auch im Interview mit **Julia von Winterfeldt** von SOULWORX, wie sie Unternehmen von der Profit- zur Werte- und Sinnorientierung begleitet: auf www.werteindex.de/soulworx.

Die ungekürzte Originalversion in englischer Sprache finden Sie auf www.werteindex.de/wol.

# „Der Erfolg eines Unternehmens ist etwas, was sich entwickelt, und nicht nur das Ergebnis eines zentralen Plans."

**Freiheit erhält in einer Welt der unendlichen Möglichkeiten eine neue Konnotation. Nicht alles haben zu müssen wird wertvoller, wenn man alles haben kann.** Nicht alles zu tun, was möglich ist, müssen der Einzelne sowie Wirtschaft und Gesellschaft lernen. **Auch um**

# FREIHEIT

# die Freiheit aller letztendlich zu gewährleisten. Für Unternehmen ergeben sich daraus sogar neue Chancen.

2020_Platz **4** Tendenz → [ 2018_Platz 4 ]

# Grenzenlose Freiheit – wie geht das?

### Freiheit im Zeitalter der Grenzenlosigkeit.

Die Wirtschaftswunderjahre und der Geist der 1968er haben uns viel Freiheit geschenkt. Wir konnten nicht nur immer mehr kaufen und erleben, wir können vor allem unser Leben nach unseren Vorstellungen gestalten. Technologie und Globalisierung erweiterten den Aktionsradius jedes Einzelnen enorm. Die Möglichkeiten des Einzelnen sind längst grenzenlos. Gleichzeitig gilt immer noch, was Kant formuliert hat: Die Freiheit des Einzelnen hört da auf, wo die Freiheit des anderen beginnt. „Der andere" – das sind in der globalen Netzwerkgesellschaft viele bzw. mehr denn je. Und damit wird eine zentrale Frage relevanter denn je: Wie können wir die immer größer werdende Freiheit nutzen, ohne andere einzuschränken?

### Paradoxien unendlicher Skalierung.

Heute bedeutet die grenzenlose Freiheit des einen Beschränkungen des anderen. Wenn wir alle unendlich konsumieren, beschränken wir andere in ihrer Freiheit und ihren Lebenschancen. Grenzenlose Freiheit der Technik bedeutet gläserne und unfreie Bürger. Und wenn jede Meinungsäußerung in den sozialen Medien ins Unendliche gespeichert, repliziert und verzerrt wird, bedeutet das auch Unfreiheit: weil entweder alles Jahre später gegen einen verwendet werden kann oder man von Anfang an lieber schweigt. Oder wenn bewusst gestreute Fake News zu alternativen Wahrheiten für ganze Bevölkerungsgruppen werden und demokratische Prinzipien aushebeln. Mit der enormen Skalierung und potenziellen Reichweite jeder Aktivität kann unsere Gesellschaft noch nicht umgehen. Technologien wie Blockchain sind gerade dabei, neue Praktiken einzuführen, sodass zunehmende Möglichkeiten nicht den Verzicht auf Selbstbestimmung und Privacy bedeuten (siehe Interview mit Jutta Steiner auf Seite 64).

### Freiheit braucht Fokus.

Auch für den Einzelnen bedeutet das Prinzip der grenzenlosen Möglichkeiten nicht auch grenzenloses Glück. Das „Immer-mehr-Können" ist an ein „Immer-mehr-Müssen" gekoppelt. Das führt zu einem „Irgendwann-nicht-mehr-Können" und dazu, am Ende erst recht nicht das erreicht zu haben, was man will. Nicht nur Lifestyle- und Lebenshilfe-Trends sprechen davon, in der Reduktion das Glück zu finden – und damit eine Freiheit, in der man nicht den tausend Möglichkeiten der Welt, sondern der einen inneren Stimme folgt: Menschen, die den Schritt in die

Foto vorherige Seite: shutterstock/everest

Selbstständigkeit wagen; Frauen, die erkennen, dass sie nicht gefallen müssen; Menschen, die sich einfach ausklinken.

### Unternehmerische Freiheit neu definiert.

Was bedeutet all das für Unternehmen und ihre unternehmerische Freiheit? Auch ihr Glück liegt in der Fokussierung auf das Wesentliche. Zum einen gilt es, die veränderten Bedürfnisse der Konsumenten anzuerkennen. Zum anderen steht im Fokus, sich aktiv in die Verhandlung unseres Umgangs mit Freiheit einzuklinken. Zu guter Letzt geht es um einen bewussten Umgang mit der Frage, ob ein Unternehmen alles tun soll, nur weil es das kann. Wer die Reduktion wagt, kann auf ungeahnte Möglichkeiten stoßen (großartige Inspiration dafür bietet auch das Interview mit André Reichel auf Seite 136).

**1 THEMENSCHWERPUNKTE**

Bei den Inhalten zum Thema Freiheit zeichnet sich eine deutliche Schwerpunktverlagerung ab: Freiheit wird politischer, Gespräche um die „Bedeutung von Freiheit" und Fragen des Lebensstils nehmen ab, solche um Kampf um Freiheit und institutionelle Freiheit nehmen zu.

| | |
|---|---|
| Individueller Lebensstil | 32 % ↘ -3 |
| Bedeutung von Freiheit | 24 % ↘ -8 |
| Freiheitsrechte | 22 % |
| Kampf um Freiheit | 20 % ↗ 5 |
| Unabhängigkeit von Institutionen | 19 % ↗ 10 |
| Geistige Freiheit | 1 % |
| Sonstiges | 1 % |

In Prozent aller codierten Beiträge des Wertes; Pfeile kennzeichnen signifikante Veränderungen (Angabe in Prozentpunkten) gegenüber dem Werte-Index 2018. Nettozählungen: Sofern in einem Beitrag mehrere Nennungen desselben Schwerpunktes vorlagen, wurde dieser nur einfach gezählt. Indiziert auf Basis der Summenwerte des Werte-Index von 2012.

**2 TONALITÄT DER BEITRÄGE**

Die Beiträge zur Frage des individuellen Lebensstils sind überproportional positiver Tonalität. „Kampf um Freiheit" und „Unabhängigkeit von Institutionen" werden hingegen deutlich häufiger negativ diskutiert.

Bedeutung von Freiheit
60 · 23

Freiheitsrechte
64 · 25

Kampf um Freiheit
58 · 36

Individueller Lebensstil
61 · 14

Unabhängigkeit von Institutionen
62 · 34

Gesamt
60 · 26

Zeilenprozente ■ positiv ░ neutral ░ negativ

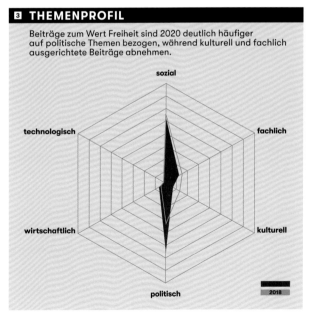

**3 THEMENPROFIL**

Beiträge zum Wert Freiheit sind 2020 deutlich häufiger auf politische Themen bezogen, während kulturell und fachlich ausgerichtete Beiträge abnehmen.

sozial · fachlich · kulturell · politisch · wirtschaftlich · technologisch

2018

# Von Alltagsfreiheiten und großen Freiheiten.

### Repolitisierung des Diskurses.

Der Wert Freiheit landet wie auch 2018 auf dem vierten Rang. In der Diskussion selbst kommt es aber zu interessanten Verschiebungen: Die Diskussion rund um den Wert Freiheit wird eindeutig politischer. Vor zwei Jahren zeigte sich ein kräftiger Anstieg hedonistisch geprägter Gespräche; die Kategorie „Freizeit als Freiheit" musste eigens dafür neu entwickelt werden. Zwar bleiben hedonistische und individualistische Motive auch in der aktuellen Analyse relevant; parallel dazu erstarken aber politische Themen. Vor allem in den Kategorien „Unabhängigkeit von Institutionen", die sich im Vergleich zu 2018 fast verdoppelt hat (vgl. Abbildung 1), und „Kampf um Freiheit", die ein Plus von 5 Prozentpunkten verbucht.

Häufig auf Instagram, wenn es um Freiheit geht: die Freiheit in der Natur genießen, danach die eigenen Gedanken dazu digital kommentieren.

### Unbegrenzte Freiheit vs. Regulierung.

Eine interessante Wendung zeigt sich in der Kategorie „Kampf um Freiheit". Hier geht es in rund jedem siebten Posting (14 Prozent) um das Thema „Freiheitsberaubung" (vgl. Abbildung 6). Innerhalb dieses Felds fällt die Diskussion um die Notwendigkeit der eigenen Selbstbeschränkung auf: Wer anderen wie beispielsweise den eigenen Kindern und Enkeln ein Leben in Freiheit und Würde ermöglichen will, muss sich im Hier und Heute in seiner Freiheit einschränken – sei es im Konsum oder im Mobilitätsverhalten. Gleichzeitig wird die individuelle Freiheit durch eine (zu) stark erfahrene Regulierung durch den Gesetzgeber als gefährdet wahrgenommen. Gesetze und Bestrebungen, die im Kampf gegen den Klimawandel oder im Zuge des Datenschutzes verfolgt werden, werden kritisch diskutiert. Und resultieren in einem starken Anstieg des Themas „Unabhängigkeit/Freiheit der Bevölkerung" von 3 auf 9 Prozent (vgl. Abbildung 5), der den Aufstieg der Kategorie „Unabhängigkeit von Institutionen" im Wesentlichen verantwortet.

Fotos: marias_notizen (li.); digitalernomade_de (re.)

## Unternehmergeist als individuelle Freiheit.

In der am stärksten vertretenen Kategorie „Individueller Lebensstil" wird nach wie vor intensiv über die Freizeit als arbeitsfreie Zeit diskutiert – 15 Prozent der Beiträge handeln davon (vgl. Abbildung 4). Gleichzeitig wird das Thema der „Gestaltungs- und Entfaltungsfreiheit" wichtiger; der Anteil ist von 5 auf 9 Prozent gestiegen. Ein Schwerpunkt ist das Thema Persönlichkeitsentwicklung, die primär die freie Entfaltung des eigenen Wesens, losgelöst von äußeren Bezügen oder Zwängen, meint. Eigenverantwortung, eine unternehmerische Einstellung und ein starker eigener Wille gehören für auffällig viele User dazu. Das zeigt sich auch in den Bildbeiträgen auf Instagram, bei denen der Einzelne mehrheitlich im Mittelpunkt steht.

## Auch Influencer haben gern frei.

Die Influencer setzen vor allem auf Themen rund um den individuellen Lebensstil und wirken als Ver-

Freiheit auf Instagram meint oft die Freiheit als beruflich selbstständiger Mensch. Und als solcher setzen sich User gern ins Bild.

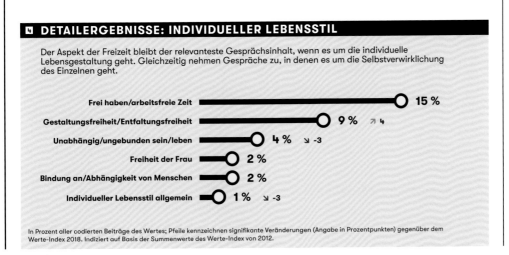

### ▣ DETAILERGEBNISSE: INDIVIDUELLER LEBENSSTIL

Der Aspekt der Freizeit bleibt der relevanteste Gesprächsinhalt, wenn es um die individuelle Lebensgestaltung geht. Gleichzeitig nehmen Gespräche zu, in denen es um die Selbstverwirklichung des Einzelnen geht.

| | |
|---|---|
| Frei haben/arbeitsfreie Zeit | 15 % |
| Gestaltungsfreiheit/Entfaltungsfreiheit | 9 % ↗ 4 |
| Unabhängig/ungebunden sein/leben | 4 % ↘ -3 |
| Freiheit der Frau | 2 % |
| Bindung an/Abhängigkeit von Menschen | 2 % |
| Individueller Lebensstil allgemein | 1 % ↘ -3 |

In Prozent aller codierten Beiträge des Wertes; Pfeile kennzeichnen signifikante Veränderungen (Angabe in Prozentpunkten) gegenüber dem Werte-Index 2018. Indiziert auf Basis der Summenwerte des Werte-Index von 2012.

Freiheit als Freizeit und Müßiggang wird auf Instagram häufig mit Naturerlebnissen in Verbindung gebracht.

stärker der „althergebrachten" Konzepte. Der am häufigsten vertretene Inhalt dabei: freihaben, nicht arbeiten müssen, Freizeit! Beim Blick auf den Vergleich der Influencer mit allen anderen Usern zeigt sich ein altbekannter Unterschied wie auch 2018 (vgl. Abbildung 7): Influencer haben bei Lifestyle-Themen die Nase vor. Hingegen tragen sie bei Themen, die politisch konnotiert sind – und gleichzeitig stärker im Kommen („Kampf um Freiheit", „Unabhängigkeit von Institutionen") –, weniger bei.

**5 DETAILERGEBNISSE: UNABHÄNGIGKEIT VON INSTITUTIONEN**

Der Anstieg der Gesprächsanteile in der Kategorie „Unabhängigkeit von Institutionen" ist vor allem kritischen Gesprächen in Hinblick auf Rechte und Freiheiten, die der Staat dem Einzelnen gewährt, geschuldet.

| | |
|---|---|
| Unabhängigkeit/Freiheit der Bevölkerung | 9 % ↗ 6 |
| Unabhängigkeit von Staaten | 4 % |
| Unabhängigkeit von Institutionen allgemein | 3 % |
| Unabhängigkeit von Organisationen | 3 % |
| Unabhängigkeit von Unternehmen | 1 % |

In Prozent aller codierten Beiträge des Wertes. Pfeile kennzeichnen signifikante Veränderungen (Angabe in Prozentpunkten) gegenüber dem Werte-Index 2018. Indiziert auf Basis der Summenwerte des Werte-Index von 2012.

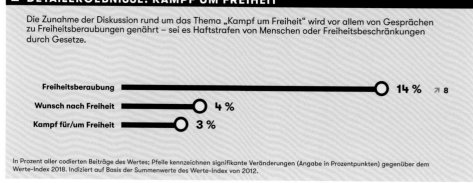

**6 DETAILERGEBNISSE: KAMPF UM FREIHEIT**

Die Zunahme der Diskussion rund um das Thema „Kampf um Freiheit" wird vor allem von Gesprächen zu Freiheitsberaubungen genährt – sei es Haftstrafen von Menschen oder Freiheitsbeschränkungen durch Gesetze.

| | |
|---|---|
| Freiheitsberaubung | 14 % ↗ 8 |
| Wunsch nach Freiheit | 4 % |
| Kampf für/um Freiheit | 3 % |

In Prozent aller codierten Beiträge des Wertes; Pfeile kennzeichnen signifikante Veränderungen (Angabe in Prozentpunkten) gegenüber dem Werte-Index 2018. Indiziert auf Basis der Summenwerte des Werte-Index von 2012.

# „

**... es geht nicht darum, die eigene freiheit aufzugeben. nur so weit einzuschränken, dass unsere kinder auch noch chancen haben.**

**... meine ziele erreiche ich nur, wenn ich die beste version von mir entfalte.**

„

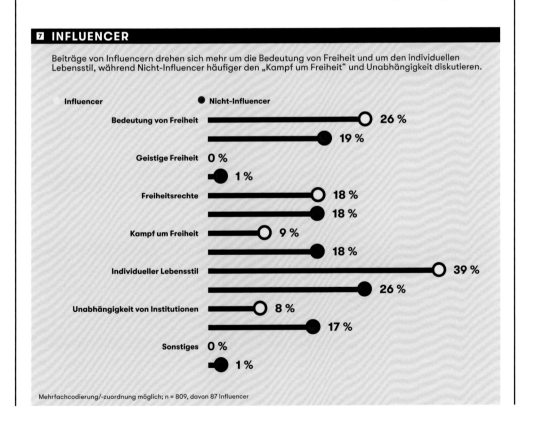

**7  INFLUENCER**

Beiträge von Influencern drehen sich mehr um die Bedeutung von Freiheit und um den individuellen Lebensstil, während Nicht-Influencer häufiger den „Kampf um Freiheit" und Unabhängigkeit diskutieren.

○ Influencer          ● Nicht-Influencer

**Bedeutung von Freiheit** ○ 26 %
● 19 %

**Geistige Freiheit** 0 %
● 1 %

**Freiheitsrechte** ○ 18 %
● 18 %

**Kampf um Freiheit** ○ 9 %
● 18 %

**Individueller Lebensstil** ○ 39 %
● 26 %

**Unabhängigkeit von Institutionen** ○ 8 %
● 17 %

**Sonstiges** 0 %
● 1 %

Mehrfachcodierung/-zuordnung möglich; n = 809, davon 87 Influencer

# Unternehmens-implikationen ──

Unsere Welt hat keine unbegrenzten Möglichkeiten mehr. Unternehmen, die sich ihrer Verantwortung mit dem Umgang der eigenen unternehmerischen Freiheit angesichts eines Zeitalters der Vernetzung bei gleichzeitiger Verknappung stellen, heben sich ab. Ihnen kommt nicht nur die Rolle zu, **Fragen zu stellen und Gewohntes infrage zu stellen, sondern den Diskurs zu führen bzw. zu moderieren.**

Personalisierte Angebote ermöglichen die ultimative Freiheit als Konsument. **Jetzt greift diese Freiheit nach Product, Promotion und Place auch auf den Preis über.** Dynamische Preisgestaltungen oder die Option eines Kaufs, der jedoch nur bei Erreichen eines bestimmten Preises zustande kommt (Limit Price Offer), ermöglichen neue Freiheitsgrade im Konsum.

Die persönliche Autonomie und die Selbstbestimmung bleiben im Leben als Konsument zentrale Aspekte. **Daher sind Produkt- und Servicestrategien, die auf die Ermächtigung des Konsumenten oder Users setzen, weiterhin relevant.** Dazu gehört, dass das Produkt selbst mehr Freiheit im Leben des Einzelnen ermöglicht. Außerdem zählt dazu, dass Produkte eigenmächtig repariert, weiterentwickelt oder umfunktioniert werden können.

Als Corporate Citizen geht es darum, die eigene Strategie auf die Anforderungen unserer Zeit abzustimmen. Und das heißt auch: **nicht alles machen, was man kann. Sondern das, was für Kunden gut ist – und im Einklang mit der Freiheit der anderen.** Ein weitreichendes Feld, das den Umgang mit Ressourcen, Daten und Gesetzen gleichermaßen umfasst.

Autonomie – das fordern Menschen auch in ihrer Rolle als Arbeitnehmer mehr denn je. Der Vorteil für Unternehmen, die mehr Selbstbestimmung gewährleisten: **Sie können mit einem Maximum an Einsatz, Motivation und Ideen rechnen.**

Vom freien Zugang zum Netz sind nicht bloß die Chancen des Einzelnen, sondern auch der Wirtschaftstreibenden abhängig. **In der Netzwerkökonomie erfordert Corporate Citizenship außerdem einen Standpunkt zu komplizierten, aber demokratiepolitisch und letztlich wirtschaftlich relevanten Themen wie Netzneutralität und Blockchain.**

**Blockchain als Möglichkeit, Zensur zu vermeiden.** Da die meisten chinesischen sozialen Medien sehr strengen Prüfungen unterzogen werden, hat die ehemalige Journalistin Jieping Zhang **Matters Lab,** ein Blockchain-basiertes Forum, gegründet. Diese Plattform soll es chinesischen Bürgern ermöglichen, ihre Meinung frei zu äußern, ohne dass diese von den Behörden zensiert werden kann. Zusätzlich arbeitet Matters mit LikeCoin zusammen, wodurch Journalisten für gelikte Beiträge in Kryptowährung belohnt und zu qualitativ hochwertigen Postings ermuntert werden sollen. – www.matters.news

**Zum Gestalten und Reparieren befähigen.** Die niederländische Waag Society hat das erste Open-Source-Restaurant der Welt inklusive Leitfaden zum Nachbauen entwickelt: Die gesamte Ausstattung wurde mithilfe von Bauanleitungen der Seite **Instructables** hergestellt – von der Einrichtung über die Lampen und Dekoration bis hin zum Essen. Mit der Forderung nach einem Recht auf Reparatur unterstützt die Plattform **iFixit** ihre Nutzer im Alltag und zeigt in guter Open-Source-Manier, wie fast jedes Gerät wieder zum Funktionieren gebracht werden kann. – www.instructables.com www.ifixit.com

**Individuelles nomadisches Wohnen.** Das **COMMOD Modulhaus** ist nicht nur individuell planbar, es kann auch jederzeit den sich verändernden Bedürfnissen der Bewohner angepasst werden und findet dennoch garantiert auf einem Lkw Platz. Mit den faltbaren Festival-Lodges von **My Molo** kommt mobiler Komfort in den Freiluftmusik-Genuss: Auf vier Quadratmetern gibt es ein Bett, Strom, WLAN und einen Kühlschrank. In der Open-Air-freien Zeit im Winter dienen die Kabinen als Notunterkunft für Obdachlose auf dem Gelände der St.-Pius-Kirche in Berlin-Friedrichshain. – www.commod-house.com www.mymolo.de

# „Can't be evil!" anstelle von „Don't be evil!"

Was braucht es, damit das Internet ein faires Web für alle wird? Für **Jutta Steiner** liegt die Lösung im Aufbau einer fundamental dezentralen Internetarchitektur, die sie in ihrem Blockchain-Start-up **Parity Technologies** als Web 3.0 bezeichnet. Im Interview erklärt sie, wie durch eine grundlegend neue Art, Online-Dienste aufzubauen, eine offene und unmittelbare Interaktion zwischen den einzelnen Benutzern ermöglicht wird, wodurch diese von mehr Transparenz und Autonomie profitieren.

**F...** **Frau Steiner, warum soll das Internet nicht so bleiben, wie es derzeit ist? Was hat das mit seiner (Infra-)Struktur zu tun?** **A...** Die Skandale um Facebook, die Snowden-Enthüllungen und jeden Tag neue Nachrichten über Nutzerdaten, die „versehentlich" öffentlich zugänglich sind: Das Internet und die Online-Dienste, von denen die meisten von uns tagtäglich abhängig sind, befinden sich in den Händen globaler, weitgehend immer noch unregulierter Konzerne. Zusätzlich üben (staatliche) Institutionen intransparenten und oft unrechtmäßigen Einfluss aus, der nicht mit unseren Bürgerrechten vereinbar ist. Das Internet begann enthusiastisch als freies und kollaboratives Netzwerk. Die Art und Weise, wie sich das Internet entwickelt hat, ist ein massives Risiko für unsere Freiheit, Privatheit und die Demokratie. Die durch Netzwerkeffekte gebündelte Macht impliziert einen digitalen Feudalismus. Wir brauchen dringend eine digitale Magna Charta!

*Jutta Steiner begann ihre Blockchain-Karriere als Sicherheitschefin der Ethereum Foundation, bei der sie die IT-Sicherheit und Integration vor dem Start der Blockchain im Jahr 2015 überwachte. Mit Parity setzt sie sich dafür ein, dass das Web 3.0 ein faires Internet für alle wird. Dafür wurde sie von TechCrunch als Blockchain-Start-up-Gründerin ausgezeichnet und von Fortune Ledger unter den Top 40 Under 40 gelistet.*

*www.parity.io*

**F...** **Welche Rolle spielen dabei Technologien wie zum Beispiel Blockchain und Eigenschaften wie Open Source?** **A...** Mit der Erfindung der Blockchain ist es uns das erste Mal überhaupt möglich, Dienste wie etwa Online-Zahlungen als sogenannte „native" Protokolle zu implementieren. Konkret bedeutet das: Früher wickelten Banken und später andere zertifizierte Finanzdienstleister wie Paypal in einem komplexen System von Servern Zahlungen ab, wobei der Benutzer sich auf dieses System verlassen und zusätzlich auf dessen Integrität vertrauen musste. Die Erfindung von Bitcoin vor zehn Jahren hat das erste Mal gezeigt, dass es möglich ist, sogenannte Vertrauensdienste auch dezentral abzuwickeln. Das höchst redundante, öffentliche Protokoll steht jedem Internetnutzer offen und erlaubt es, einem beliebigen anderen Benutzer eine Zahlung zu senden.

**F...** **Wie sieht der Einsatz eurer Technologien konkret aus? An welchen Beispielen lässt sich die Verbindung zu Autonomie und Freiheit illustrieren?** **A...** Wir arbeiten daran, dass Blockchain-Technologien möglichst bald auch in anderen Bereichen angewendet werden können. Ziel ist es, dass wir als Benutzer zu jedem Zeitpunkt die direkte Kontrolle darüber haben, wer Zugang zu unseren medizinischen Daten hat, und nicht auf ein obskures System vertrauen müssen, dessen Sicherheit nicht nachvollziehbar ist und dessen Autorisierungsprozesse für uns nicht zugänglich und überprüfbar auf Servern stattfinden. Natürlich wird sich nicht jeder die Mühe machen können, den Blockchain-Quellcode in dieser Hinsicht zu überprüfen. Die Tatsache, dass dies jedoch grundsätzlich möglich ist, stellt einen fundamentalen Zugewinn an Transparenz dar, der sich mit herkömmlicher Technologie niemals erreichen lassen würde. Gewissermaßen programmatische Regulatorik. Konkret haben wir zum Beispiel für das World Food Programm (WFP) ein offenes Protokoll entwickelt, das es dem WFP ermöglicht, Geldzahlungen in Flüchtlingslagern durchzuführen, ohne zuvor komplizierte Verträge abzuschließen und technische Integrationen mit lokalen Dienstleistern einzugehen, die diese abwickeln. An dessen Stelle tritt ein gemeinschaftliches Buchführungssystem, das zu jedem Zeitpunkt umfassend auditiert werden kann – das spart enorme Kosten, beschleunigt die Implementierung und vermeidet, dass Hilfsgelder in intransparenten Strukturen versickern.

F... **Unsere Beobachtungen zeigen, dass Freiheit, Datenschutz und Privatsphäre gerade im digitalen Bereich oft gern gegen Convenience getauscht werden – gibt es einen Weg zwischen diesen (vermeintlich unvereinbaren) Polen?** A... In der realen Welt und mit herkömmlichen Internettechnologien ist Privatheit etwas, was explizit in die Anwendung implementiert werden muss. Für Nutzer gibt es keine starken Garantien, dass das, was uns dann im besten Fall versprochen wird, auch wirklich der Fall ist. Und über die Zeit untergraben Netzwerkeffekte und kommerzielle Interessen diese Versprechungen. Leistungsfähige Blockchain-basierte und andere kryptografische Systeme haben Privatsphäre und Autonomie von vornherein eingebaut, sodass wir nicht im Nachhinein versuchen müssen, diese durch umständliche Regulierung von Servicebetreibern zu garantieren. „Can't be evil!" tritt an die Stelle von „Don't be evil!". Die Daten und Datenhoheit bleiben beim Individuum. Das ist ein fundamentaler Unterschied zu herkömmlichen Systemen. Wir arbeiten hart daran, die Entwicklung der Technologie voranzutreiben, um dieses Ziel möglichst schnell zu erreichen.

„Die Art und Weise, wie sich das Internet entwickelt hat, ist ein massives Risiko für unsere Freiheit, Privatheit und die Demokratie. Die durch Netzwerkeffekte gebündelte Macht impliziert einen digitalen Feudalismus. Wir brauchen dringend eine digitale Magna Charta!"

**Was selten wird, wird kostbar. Das gilt mehr denn je für den Wert Sicherheit. Die einfachen Strategien wie die, nach dem Staat zu rufen, funktionieren nicht mehr.** Technologische Lösungen haben auch ihre Nachteile. **Es bleibt die Strategie des Vertrauens – und das muss**

ID 324267334

# SICHERHEIT

# kritisch und überlegt eingesetzt werden. Für Unternehmen heißt das, mit konkreten Angeboten um dieses Vertrauen zu werben.

2020_Platz **5** **Tendenz** → [ 2018_Platz 5 ]

# Ein differenziertes Verständnis von Vertrauen und Sicherheit.

### Willkommen im Age of Anxiety.

Wir leben in widersprüchlichen Zeiten. Obwohl die existenziellen Gefahren für unser Leben in Europa immer geringer werden, scheint an jeder Ecke eine Gefahr zu lauern. Für den Soziologen Heinz Bude ist es vor allem der soziale Abstieg, der für schlaflose Nächte und die Angst als zentrales Lebensgefühl sorgt; für Datenschützer der Verlust der Selbstbestimmung über unsere eigenen Informationen; für Technopessimisten die Weltherrschaft der Maschinen. In den USA haben Angststörungen unter den psychischen Erkrankungen die Volkskrankheiten Depressionen und Burn-out überholt. Gleichzeitig flüchten mehr Menschen denn je vor existenziellen Gefahren wie Kriegen oder den Folgen des Klimawandels. Die Komplexität, mit der wir alltäglich leben, steigt kontinuierlich an.

### Der Ruf nach Staat oder Technik.

Die naheliegendste und legitimierte, aber nicht die erfolgversprechendste Strategie auf den Orientierungsverlust ist, sich auf den Staat zu verlassen. Die attraktivste Alternative ist, die Komplexität an die Technik auszulagern. Vertreter des Silicon Valleys wie Elon Musk versprechen, dass es nur die richtige technische Lösung für jedwede Herausforderung braucht. Aber: Technik schafft zwar punktuell Sicherheit und Transparenz, schraubt aber ihrerseits die Komplexitätsspirale nach oben. Abhängigkeiten, Verwundbarkeit und Unübersichtlichkeit steigen. Fühlt man sich in einer Nachbarschaft, in der Amazons Ring die Bilder der privaten Überwachungskamera auch an die Polizei übermittelt, tatsächlich sicherer? Was, wenn man vom eigenen, aber gehackten Smarthome ausgesperrt wird? Wie sieht eine Demokratie aus, in der Wahlkämpfe nicht nur mit User-Daten, sondern auch mit Deep Fakes geführt werden?

### Neue Strategien für das Vertrauen.

Es ist nur natürlich, dass wir intensiver darüber nachdenken, wem und wie wir vertrauen. Es fehlen uns Erfahrungswerte. Eine neue Aufklärung ist erforderlich: Wir müssen das eigene Vertrauen mit Verstand bedienen. Denn wer leichtherzig Vertrauen schenkt, riskiert Verletzungen und zieht sich in der Folge zurück. Keine gute Strategie in Zeiten der Netzwerkgesellschaft. Deshalb braucht es ein Vertrauen, das genau differenziert, um was es geht: Planbarkeit, Wahrheit, Einfachheit, geteilte Werte, bessere Beziehungs- und Lebensqualität oder einfach

Foto vorherige Seite: Depositephotos/Andrey Popov

die Tatsache, zu wissen, dass der andere mir nichts Böses will. Wer weiß, was davon er braucht, der fokussiert selektiv und situativ auf die relevanten Aspekte.

**Konkrete Ansagen statt vage Versprechen.**

Unternehmen brauchen ein klares Bild davon, welche Aspekte von Sicherheit beziehungsweise Vertrauen für ihre Kunden, Partner und Mitarbeiter relevant sind. Und was dafür getan werden muss, dass ihre Zusagen eingehalten werden können. Wer in komplexen Zeiten die ganz große Sicherheit verspricht, wirkt unglaubwürdig. Stattdessen gilt es zu demonstrieren, dass man einen Überblick über das Machbare und Unwägbare hat – und das Entscheidende im eigenen Einflussbereich auch tatsächlich tut. Abgesehen davon bleiben Sicherheit und Vertrauen immens große Märkte für konkrete Lösungen und Angebote.

**1 THEMENSCHWERPUNKTE**

Die Themenschwerpunkte zum Wert Sicherheit verändern sich gegenüber 2017 kaum: Unsicherheit wird etwas seltener diskutiert, Sicherheit in verschiedensten Kontexten nimmt noch einmal leicht zu. Diese Kategorie dominiert nahezu drei Viertel der Diskussionen.

| | |
|---|---|
| Sicherheit in diversen Kontexten | 71 % ↗ 4 |
| Vertrauen in Personen | 18 % |
| Unsicherheit | 15 % ↘ -7 |
| Vertrauen in Staat und Politik | 14 % |
| Gegenteil: Misstrauen | 4 % |
| Vertrauen in Unternehmen und Wirtschaft | 3 % |
| Vertrauen in Öffentlichkeit und Medien | 3 % |
| Sonstiges | 3 % |

In Prozent aller codierten Beiträge des Wertes; Pfeile kennzeichnen signifikante Veränderungen (Angabe in Prozentpunkten) gegenüber dem Werte-Index 2018. Nettozählungen: Sofern in einem Beitrag mehrere Nennungen desselben Schwerpunktes vorlagen, wurde dieser nur einfach gezählt. Indiziert auf Basis der Summenwerte des Werte-Index von 2012.

**2 TONALITÄT DER BEITRÄGE**

Die häufigeren Themenschwerpunkte haben eine unterschiedliche Tonalität: Vertrauen in Politik ist öfter negativ, Vertrauen in Personen etwas häufiger positiv, Unsicherheit hat eine neutrale Tonalität.

Vertrauen in Staat und Politik
49    48

Vertrauen in Personen
64    11

Sicherheit in diversen Kontexten
74    22

Unsicherheit
82    18

Gesamt
70    24

Zeilenprozente   ■ positiv   neutral   negativ    n = 759

**3 THEMENPROFIL**

Sicherheit wird mit relativ identischen Schwerpunkten diskutiert wie in früheren Ausgaben. Beiträge mit politischer, sozialer und fachlicher Ausrichtung nehmen leicht zu.

sozial

technologisch     fachlich

wirtschaftlich     kulturell

politisch

2020
2018

### Viel Sicherheit, wenig Vertrauen.

Die Diskussion des Werts Sicherheit ist vor allem von Kontinuität geprägt. Der Wert bleibt mit Rang fünf auf derselben Position wie 2018. Und auch die Großwetterlage der Themen (vgl. Abbildung 1) stellt sich ähnlich dar wie vor zwei Jahren: Die Rolle des Vertrauens verzeichnet weiterhin ein niedriges Niveau wie 2018, während das Konzept der Sicherheit deutlich häufiger besprochen wird. Die Kategorie „Sicherheit in diversen Kontexten" baut ihren Vorsprung sogar noch aus: 71 Prozent der Beiträge beziehen sich darauf; das sind um 4 Prozentpunkte mehr als im vergangenen Werte-Index. Explizit auf Unsicherheit weist ungefähr jeder siebte Beitrag hin. Das ist um 7 Prozentpunkte weniger als noch 2018. Und selbst wenn die Kategorien, die sich auf das Konzept Vertrauen beziehen, ungleich stärker differenziert sind: Die Anteile sind – auch in Summe – bedeutend kleiner. Am stärksten sind das „Vertrauen in Personen" mit 18 Prozent und das „Vertrauen in Staat und Politik" mit 14 Prozent vertreten.

Sicherheit und Vertrauen – beide Begriffe werden auf Instagram oft mit der Beziehung zu Tieren assoziiert.

### Staat sorgt für Sicherheit?

Dass der Staat eine besondere Rolle spielt, wenn es sich um den Wert Sicherheit handelt, wird auch beim Blick auf die Detailergebnisse offensichtlich. In der Top-Kategorie „Sicherheit in diversen Kontexten" geht es hauptsächlich um den Staat (vgl. Abbildung 4): Mit 23 Prozent bezieht sich fast jeder vierte Beitrag auf den Staat, der für Sicherheit sorgt oder sorgen soll. Dabei erachten die User typischerweise vor allem die Gesetzgebung und die Aspekte der inneren Sicherheit für relevant. Jeder fünfte Beitrag nimmt Bezug auf die Sicherheit von Regionen, die fast ausschließlich im Zusammenhang mit Fragen der Flucht und Migration genannt wird. Dafür wurde in dieser Ausgabe eigens die neue Kategorie „Sichere Regionen" gebildet. Auch Beiträge der Unterkategorie „In Sicherheit sein" beziehen sich auf den Themenkomplex Flucht und Migration. Allen gemeinsam ist die zentrale Rolle staatlicher Strukturen. Andere Bezüge auf den Wert Sicherheit sind breit gestreut – von der Verkehrssicherheit über die Sicherheit von

Fotos: schaeferherzchen_abigail (li.); mareike_sea.body.mind (re.)

Produkten und in der Technik bis zur Sicherheit in Gesundheitsfragen. Das Verhältnis von Sicherheit und Freiheit wird dabei signifikant seltener besprochen als noch 2018.

### Vertrauen ist weiblich.

Wenn es um Vertrauen geht, wird am häufigsten das Vertrauen in Personen thematisiert: Einerseits geht es darum, Vertrauen auszusprechen, andererseits darum, Vertrauen geschenkt zu bekommen. Die Tonalität ist überdurchschnittlich positiv (vgl. Abbildung 2). In der Kategorie „Vertrauen in Staat und Politik" gehört der Verlust oder das Fehlen von Vertrauen zu den häufiger diskutierten Themen. Hier ist die Tonalität der Beiträge doppelt so negativ wie im Durchschnitt. In der Analyse der soziodemografischen Unterschiede in den Diskussionsvorlieben (vgl. Abbildung 7) zeigt sich, dass Männer in größerem Maße den Begriff Sicherheit verwenden als Frauen. 58 Prozent der dafür auswertbaren Beiträge stammen von Männern, 35 Prozent von Frauen. Das Thema „Unsicherheit" ist mit 21 Prozent hingegen für weibliche User relevanter als für männliche. Auch die Diskussion rund um das Vertrauen in Personen ist weiblicher ausgeprägt:

Reflexionen über den Wert von Vertrauen werden mit Fotos illustriert.

28 Prozent der Beiträge stammen von Frauen, 11 Prozent von Männern. Eine ähnliche Verteilung zeigt sich im Blick auf Influencer: Influencer diskutieren mit 21 Prozent stärker das Vertrauen in Personen als Nicht-Influencer (13 Prozent). Letztere besprechen hingegen signifikant häufiger das Konzept der Sicherheit (57 Prozent Nicht-Influencer gegenüber 41 Prozent Influencern).

---

**4 DETAILERGEBNISSE: SICHERHEIT IN DIVERSEN KONTEXTEN**

Mehr als die Hälfte der Beiträge drehen sich um die Themen staatliche Sicherheit, sichere Regionen oder „In Sicherheit sein". Hintergrund ist oft das Thema Flucht und Migration.

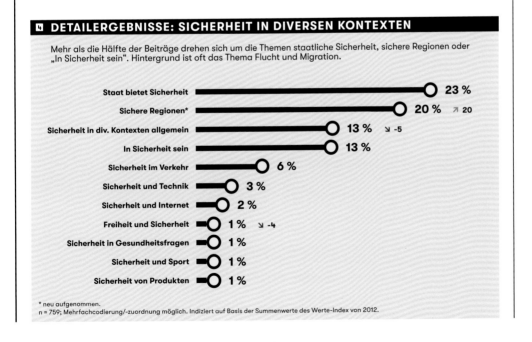

| | |
|---|---|
| Staat bietet Sicherheit | 23 % |
| Sichere Regionen* | 20 % ↗ 20 |
| Sicherheit in div. Kontexten allgemein | 13 % ↘ -5 |
| In Sicherheit sein | 13 % |
| Sicherheit im Verkehr | 6 % |
| Sicherheit und Technik | 3 % |
| Sicherheit und Internet | 2 % |
| Freiheit und Sicherheit | 1 % ↘ -4 |
| Sicherheit in Gesundheitsfragen | 1 % |
| Sicherheit und Sport | 1 % |
| Sicherheit von Produkten | 1 % |

* neu aufgenommen.
n = 759; Mehrfachcodierung/-zuordnung möglich. Indiziert auf Basis der Summenwerte des Werte-Index von 2012.

Sicherheit – das ist natürlich auch das Thema der auf Instagram zahlreich vertretenen Feuerwehren.

## Emotionaler Content auf Instagram.

Auf Instagram ist die Stimmung ungleich emotionaler und positiver als in der allgemeinen Diskussion. Wenn es um das Vertrauen in Personen geht, wird Instagram häufiger als sonst als Kanal verwendet (vgl. Abbildung 6): Während im Durchschnitt nur 3 Prozent aller Beiträge zum Wert Sicherheit auf Instagram gepostet werden, gilt das für 17 Prozent der Beiträge, in denen es explizit um das Vertrauen von Personen geht. Viele Beiträge beziehen sich auf das Vertrauen ihrer Kunden, Partner und Mentoren; auch die omnipräsenten Zitate und Reflexionen über das Leben dürfen bei diesem Wert nicht fehlen. Auffällig häufig werden Tiere mit den Begriffen Sicherheit und Vertrauen verbunden.

### 5 DETAILERGEBNISSE: VERTRAUEN IN PERSONEN

Insgesamt finden sich wenig Veränderungen bei den Themen zu persönlichem Vertrauen. Menschen und Beziehungen werden bei Weitem nicht so häufig diskutiert wie in früheren Untersuchungen.

| | |
|---|---|
| Vertrauen in Menschen | 7 % |
| Vertrauen in Personen allgemein | 4 % |
| Vertrauen in der Liebe/Beziehung | 4 % |
| Vertrauen als Herausforderung | 1 % |
| Vertrauen als Wert | 1 % |
| Danksagung für Vertrauen | 1 % |
| Vertrauensverlust | 1 % |

n = 759; indiziert auf Basis der Summenwerte des Werte-Index von 2012.

### 6 THEMENSCHWERPUNKTE NACH MEDIEN

Auf Instagram wird stärker persönliches Vertrauen thematisiert, Sicherheit wird am meisten auf Facebook besprochen.

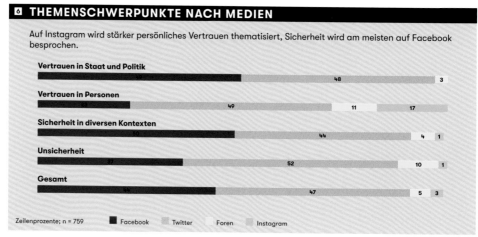

| | Facebook | Twitter | Foren | Instagram |
|---|---|---|---|---|
| Vertrauen in Staat und Politik | 49 | 48 | | 3 |
| Vertrauen in Personen | 23 | 49 | 11 | 17 |
| Sicherheit in diversen Kontexten | 50 | 44 | 4 | 1 |
| Unsicherheit | 37 | 52 | 10 | 1 |
| Gesamt | 44 | 47 | 5 | 3 |

Zeilenprozente; n = 759 ■ Facebook ▪ Twitter ▪ Foren ▪ Instagram

# " ... es geht nicht um den nächstgelegenen Hafen, sondern den nächsten sicheren Hafen!

## ... die partei hat einfach jegliches vertrauen verspielt.

## ... dafür gibt es gesetze, da vertrau ich den gerichten. "

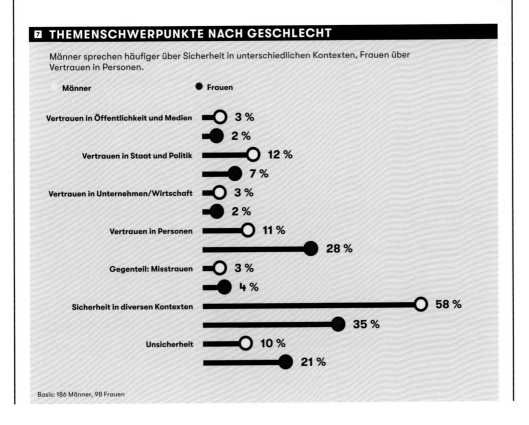

**7  THEMENSCHWERPUNKTE NACH GESCHLECHT**

Männer sprechen häufiger über Sicherheit in unterschiedlichen Kontexten, Frauen über Vertrauen in Personen.

○ Männer          ● Frauen

| | |
|---|---|
| Vertrauen in Öffentlichkeit und Medien | ○ 3 % |
| | ● 2 % |
| Vertrauen in Staat und Politik | ○ 12 % |
| | ● 7 % |
| Vertrauen in Unternehmen/Wirtschaft | ○ 3 % |
| | ● 2 % |
| Vertrauen in Personen | ○ 11 % |
| | ● 28 % |
| Gegenteil: Misstrauen | ○ 3 % |
| | ● 4 % |
| Sicherheit in diversen Kontexten | ○ 58 % |
| | ● 35 % |
| Unsicherheit | ○ 10 % |
| | ● 21 % |

Basis: 186 Männer, 98 Frauen

# Unternehmens-implikationen ___

Fotos: Elijah O Donnell; snips; Sympatient

**IN DER KOMMUNIKATION**

**Wer in komplexen Zeiten Sicherheit und Vertrauen verspricht, weckt hohe Erwartungen.** Es empfiehlt sich, die unterschiedlichen Facetten von Sicherheit und Vertrauen, wie beispielsweise Vorhersehbarkeit, Einfachheit oder schlicht eine höhere Lebensqualität, als solche anzusprechen. Gleichzeitig wird dadurch verhindert, in der Kommunikation vage oder schwammig zu bleiben.

Vertrauen muss fundiert sein. Wenn in der Kommunikation bestimmte Aspekte von Vertrauen oder Sicherheit versprochen werden, müssen die damit geweckten Erwartungen auch erfüllt werden können. **Das demonstriert man am besten, indem gezeigt wird, was das Unternehmen dafür tut.**

**IN DER PRODUKT- UND SERVICE-ENTWICKLUNG**

**Nicht neu, aber notwendig: Customer-Centricity.** Wer sich die Bedürfnisse seiner Kunden genau ansieht, weiß, was hinter dem Wunsch nach Vertrauen und Sicherheit konkret steckt. Wer diese Erkenntnisse in den Mittelpunkt der Unternehmensaktivitäten stellt, für den erledigen sich viele Fragen von selbst.

**In der Produkt- und Serviceentwicklung gilt es, Vertrauensbeweise gleich mitzudenken.** Von der Möglichkeit der Offenlegung von bestimmten Funktionsprinzipien (wie z. B. Algorithmen) über externe Audits und Bewertungen bis hin zum Einsatz von Blockchain und anderen Nachverfolgungstechnologien gibt es hier unzählige Möglichkeiten, die eigene Integrität und Vertrauenswürdigkeit zu beweisen.

**ALS ARBEITGEBER UND CORPORATE CITIZEN**

**Arbeitgeber punkten im War for Talent mit transparenten, vorhersehbaren Career-Tracks und der Bereitschaft zu langfristigen, aber nicht langweiligen Beschäftigungsverhältnissen.** Sie erhalten eine kontinuierliche, motivierte Belegschaft, die das Unternehmen auch in turbulenten Zeiten tragen kann.

Im Berufsalltag gilt es ebenfalls, für Sicherheit und Orientierung zu sorgen. **Ein Code of Conduct macht explizit und transparent, wie im Unternehmen mit komplizierten Situationen umgegangen wird.** Er inkludiert konkrete Handlungsanweisungen und stärkt dem Mitarbeiter den Rücken. Jeder weiß, woran er ist, woran er gemessen wird und was zu tun ist, wenn es schwierig wird.

**Kritischer Medienkonsum.** Damit der Einzelne Nachrichten nicht auf „fake oder nicht" überprüfen muss, bietet **piqd** einen von Experten kuratierten Newsfeed an. Die **Columbia Journalism Review** macht mit ihrem Fake-News-Stand darauf aufmerksam, wie Missinformation unsere (Wahl-)Entscheidungen beeinflussen kann, und schult Passanten sowie Leser darin, Falschmeldungen zu identifizieren und zu hinterfragen. Zwei Professoren der University of Washington haben dem Erwerb einer reflektierten Medienkompetenz sogar einen eigenen Kurs gewidmet: **Calling Bullshit.** – www.piqd.de
www.cjr.org
www.callingbullshit.org

## snips

# Take Voice to the Edge

with Private by Design
voice assistants for your business

**Privacy by Design: künstliche Intelligenz, die Privatsphäre und Daten schützt.** Wie ethische Sprachassistenz funktioniert, zeigt **Snips**: Das Unternehmen hat eine Deep-Learning-basierte Technologie entwickelt, die nicht auf die Verarbeitung von Sprachdaten in der Cloud angewiesen ist, sondern alle Prozesse lokal auf dem Gerät ausführt. Statt das Geschäftsmodell auf die Kommerzialisierung der Nutzerdaten auszurichten, verkaufen die Entwickler Lizenzen für ihre Technologie an Firmen, die diese in ihr Gerät integrieren wollen. – www.snips.ai

**Virtuelle Konfrontationstherapie zur Bewältigung von Angstsituationen. Sympatient** möchte mittels virtueller Realitäts-App seinen Nutzern einen neuen Weg aus ihren Angststörungen zeigen. An einem sicheren Ort können sich die Patienten eine VR-Brille aufsetzen und bekommen über die App eine an ihre Phobie angepasste Szene vorgespielt, die zunehmend bedrohlicher wirkt. Dabei können die Nutzer stets selbst entscheiden, wie weit sie in dieser Konfrontation gehen möchten. Zusätzlich begleiten psychoedukative Inhalte die Therapie. – www.sympatient.com

# „Wie wir Angst und Ohnmacht überwinden."

Wie können wir als Gesellschaft die Gefühle der Angst und der Ohnmacht überwinden? **Ariadne von Schirach** plädiert in ihrem neuesten Buch „Die psychotische Gesellschaft. Wie wir Angst und Ohnmacht überwinden" für eine poetische Revolution – für das Innehalten und Sich-Rückbesinnen auf unsere Gemeinsamkeiten. Im Interview spricht sie darüber, welchen Haltungswandel es braucht, um den einer Psychose gleichenden gesellschaftlichen Zustand hinter uns zu lassen und uns von einer Konsum- hin zu einer ökosozialen Gesellschaft zu entwickeln.

F... **Frau von Schirach, in Ihrem Buch stellen Sie die These auf, dass unsere Gesellschaft zunehmend psychotisch wird. Welche Beobachtungen haben Sie zu diesem Schluss geführt? Warum der Fachbegriff aus der Medizin, der Psychiatrie? Woher kommen die Angst und die Ohnmacht?** A... Müllberge, Fake News, Erderwärmung. Parallelgesellschaften, Populismus, Verachtung. Obwohl wir in großem Wohlstand leben, scheint unsere Welt aus den Fugen zu geraten. Das verweist auf eine innere Krise, einen umfassenden Sinnverlust. Eine Psychose ist eine Geisteskrankheit, während deren Dauer Betroffene den Kontakt zur Realität verlieren. Ein psychotischer Mensch weiß nicht mehr, wer er ist noch was er will, und kann sich deshalb nicht mehr angemessen verhalten. Das könnte man auch über unsere Gesellschaft sagen, die ebenfalls immer größere Schwierigkeiten hat, vernünftig und vorausschauend zu handeln – vom Umgang mit Geflüchteten hin zu konkreter Klimapolitik. Diese kollektive Identitätskrise wird begleitet von Angst wegen der inneren Auflösung sowie Ohnmacht angesichts der gefühlten Unfähigkeit, etwas daran zu ändern.

**Ariadne von Schirach** arbeitet als Autorin, Journalistin und Kritikerin. Sie unterrichtet an verschiedenen Universitäten Philosophie und chinesisches Denken. Nach den Büchern „Der Tanz um die Lust" (2007) und „Du sollst nicht funktionieren. Für eine neue Lebenskunst" (2014) schließt „Die psychotische Gesellschaft. Wie wir Angst und Ohnmacht überwinden" (2019) ihre „Trilogie des modernen Lebens" ab.

www.instagram.com/
ariadne_von_schirach

F... **Wie reagieren die meisten Menschen auf die gefühlte Verunsicherung? Inwiefern sind ihre Strategien zielführend oder nicht?** A... Angesichts dieser allgemeinen Auflösung – die zugleich eine Auflösung des Allgemeinen, den Konsenses ist – ziehen sich viele in konsumgestützte Filterbubbles oder ideologisch grundierte Privatwelten zurück, in denen Identität durch Abgrenzung entsteht. Das schafft zwar kurz Entlastung, verstärkt aber letztlich nur die gesellschaftliche Spaltung.

F... **Wie gelingt es, die zunehmende Komplexität nicht als Bedrohung, sondern als Chance wahrzunehmen? Was sind die Vorbedingungen dafür für den Einzelnen – und welche gibt es für uns als Gesellschaft?** A... Der psychotische Zustand lässt sich beschreiben als der Moment, an dem unsere Erfahrung der Welt sich nicht mehr mit unserer Beschreibung deckt – wir sind beispielsweise weder eine Spezies, die aus zwei Geschlechtern besteht, noch ist die Natur bloße Ressource. Deshalb brauchen wir keine andere

**EGO** **ECO**

Welt, sondern ein anderes Bewusstsein dessen, was ist. Eine solcherart „aufgeklärte Aufklärung" sieht den Menschen nicht mehr als Krone der Schöpfung, sondern als ebenso mächtige wie Verantwortung tragende Spezies unter anderen Spezies auf einem lebendigen Planeten – den es gerade vor unserer eigenen Gier zu schützen gilt.

F... **Technologie hat eine treibende Rolle, wenn es um Komplexität geht. Wie können beziehungsweise sollen wir Technologie nutzen, um einen Ausweg aus der psychotischen Gesellschaft zu finden?** A... Wenn wir beginnen, uns den realen Problemen des 21. Jahrhunderts zu stellen – ob Plastikreste, $CO_2$-Reduktion oder Überbevölkerung –, kommen wir um technische Ingenuität nicht herum. Diesmal allerdings in kreativer Zusammenarbeit mit der „großen Lehrmeisterin Natur", um endlich nachhaltige Lösungen für ein gedeihliches Miteinander zu finden. Aber auch in den sozialen Medien lässt sich Komplexität erfahren, aushalten und bejahen. Wir sind eine Spezies, die aus Individuen besteht, die alle zugleich mehr verbindet als trennt. Und so gilt es, dort ebenfalls das Gemeinsame zu fördern, ohne die Unterschiede einzuebnen.

F... **Welche Rolle spielt der Faktor „Vertrauen" im konstruktiven Umgang mit Komplexität?** A... Das folgenreichste Erbe des neoliberalen Profit- und Konkurrenzdenkens ist ein umfassender Vertrauensverlust. Dieses Vertrauen müssen wir zurückgewinnen – in uns selbst wie in unsere Umwelt. Denn obwohl es gerade an uns liegt, als Spezies mündig zu werden, sind wir nicht allein hier. Ingeniöse Lösungen können nur in respektvoller Auseinandersetzung mit den vielen Ausdrucksformen des Lebendigen gefunden werden.

F... **In Ihrem Buch fordern Sie eine poetische Revolution. Was meinen Sie damit? Wie sieht diese poetische Praxis im Alltag aus?** A... Heilung ist das Finden eines neuen Sinns. Wir müssen uns erden, aufräumen, Schulden zahlen. Und durch diese bewusste Wiederaneignung von allem, was uns angeht und was wir verursacht haben, das Geheimnis des Lebens wieder in eine Heimat verwandeln. Diese Rückkehr zum Leben ist ein poetischer Akt. Ein frischer Blick, der nicht mehr alles nur auf seine Verwertbarkeit hin überprüft, sondern in einen echten Dialog mit der Natur oder den konkreten Lebensbedingungen an einem bestimmten Ort tritt, verleiht dem, was er dort findet, auch einen neuen Sinn. Jeder von uns ist Mit-Schöpfer der gemeinsamen Welt. Denn unser Leben

**„Das folgenreichste Erbe des neoliberalen Profit- und Konkurrenzdenkens ist ein umfassender Vertrauensverlust. Dieses Vertrauen müssen wir zurückgewinnen – in uns selbst wie in unsere Umwelt."**

**Digital vernetzt zu sein heißt nicht, tatsächlich mehr Verbundenheit zu spüren. Smartphone- und Social-Media-Nutzung haben ein unangenehmes Defizit hinterlassen. Dabei können Technologien eine entscheidende Unterstützung für mehr Verbundenheit**

GEMEIN

**sein, wenn sie im Bewusstsein ihrer sozialen Wirkung eingesetzt werden. Für Unternehmen bedeutet die Relevanz des Sozialen zudem, einmal mehr die eigene Unternehmenskultur in den Fokus zu nehmen.**

2020_Platz **6** Tendenz ↗ [ 2018_Platz 7 ]

SCHAFT

# Trendperspektive ___
# Empathie statt Reichweite.

### Gemeinschaft in der Krise.

Die Rahmenbedingungen für Gemeinschaften sind komplex geworden. Wir sind mobiler; wir haben mehr zu tun, aber weniger Zeit; und wir sind wählerischer geworden. Unsere Beziehungspraxis ist effizient geworden: Wir managen viele soziale Interaktionen in möglichst wenig Zeit in der Hoffnung, glücklicher zu werden. Wir kommunizieren mittlerweile lieber über Medien als Face to Face. Die Technik unterstützt uns dabei – und macht auf paradoxe Art und Weise vieles falsch. Zahlreiche Studien zeigen: Je mehr wir uns mit Smartphones oder sozialen Medien beschäftigen, desto einsamer fühlen wir uns. Es ist kein Zufall, dass sich gerade im Silicon Valley eine „Zero Screen Time"-Policy in Familien etabliert hat: Steve Jobs' Kinder sind längst nicht mehr die einzigen, die die Produkte, die ihr Vater entwickelt hat, nicht nutzen dürfen.

### Zauberhafte Momente der Verbundenheit.

Soziale Beziehungen sind zum Produkt geworden: Soziale Medien liefern Likes, Runtastic bietet Laufpartner, und Co-Working-Spaces stellen nicht nur einen Schreibtisch zur Verfügung, sondern liefern ein ganzes Sozialleben inklusive Büropartys frei Haus. Dabei weist US-Mediensoziologin Sherry Turkle auf einen gravierenden Unterschied hin: Soziale Interaktionen sind nicht unbedingt auch empathische Interaktionen. Es ist die Empathie – die Möglichkeit, etwas gemeinsam im gleichen Moment zu fühlen –, die für Verbundenheit sorgt und die uns uns nicht allein fühlen lässt. Und unseren Spiegelneuronen die Gelegenheit gibt, ein Feuerwerk abzugeben, das uns für einen kurzen, zauberhaften Moment die Verbindung zum anderen empfinden lässt. In einer sozialen Interaktion allein findet das nicht statt: Eine Fast-Food-Bestellung aufzugeben lässt die meisten von uns kalt, und dabei ist uns auch egal, ob wir mit einem Verkäufer oder einem Computer sprechen.

### Empathie ist nicht mehr gegeben, sondern muss hergestellt werden.

Deshalb sind Roboter heute bereits zwar soziale Akteure, aber (noch) keine empathischen. Die Königsdisziplin der Künstlichen Intelligenz arbeitet aber bereits an Künstlicher Empathie („Artificial Empathy"), die uns in Sachen Gefühl, verstanden zu werden, unabhängig von anderen Menschen macht. Bis dahin bleibt uns, bedeutungsvolle Gemeinschaften selbst zu organisieren. Früher sorgten das gemeinsame Dorf, der gemeinsame Alltag und Traditionen dafür, dass man mit anderen zur gleichen Zeit dasselbe erlebte. Heute müssen wir diese Gelegenheiten bewusst suchen und herstellen, sowohl mit analogen als auch mit digitalen Medien.

### Empathie schlägt Know-How.

Empathie ist auch der Schlüsselfaktor, wenn es um die Produktivität im Unternehmen geht. Es sind Gemeinschaften und die dort gelebte Empathie, die den Einzelnen und Teams produktiv machen. Rahmenbedingungen und Teams, in denen sich der Einzelne zugehörig und angenommen fühlt, sind wichtiger als Know-how, fachliche Qualifikationen und Organisationsprinzipien. Das bestätigt auch eine Studie von Google: Nicht die Kombination der besten Talente ist es, sondern die Etablierung einer Kultur, in der man sich aufeinander verlassen kann, in der offen und ehrlich über Schwächen gesprochen wird und gemeinsame Erfolge erlebt werden.

**1  THEMENSCHWERPUNKTE**

Die Themenschwerpunkte zum Wert Gemeinschaft verändern sich gegenüber 2018 kaum: Beiträge zu „Gemeinschaft allgemein" und zum „Leben in Gemeinschaft" nehmen leicht ab, „Internetgemeinschaften" werden häufiger besprochen. Nahezu drei Viertel der Beiträge drehen sich um Gemeinschaft im Privaten.

| | |
|---|---|
| Private Gemeinschaften | 72 % |
| Internetgemeinschaften | 28 % ↗ 8 |
| An Ideen oder Kulturen orientierte Gemeinschaften | 14 % ↗ 4 |
| Rational orientierte (Vertrags-)Gemeinschaften | 13 % |
| Gemeinschaft allgemein | 11 % ↘ -7 |
| Leben in Gemeinschaft | 8 % ↘ -7 |

In Prozent aller codierten Beiträge des Wertes; Pfeile kennzeichnen signifikante Veränderungen (Angabe in Prozentpunkten) gegenüber dem Werte-Index 2018. Nettozählungen: Sofern in einem Beitrag mehrere Nennungen desselben Schwerpunktes vorlagen, wurde dieser nur einfach gezählt. n = 801; indiziert auf Basis der Summenwerte des Werte-Index von 2012.

**2  TONALITÄT DER BEITRÄGE**

Die überwiegende Tonalität ist über alle Themenschwerpunkte hinweg neutral. Rationale Gemeinschaften, Zwangsgemeinschaften und Aspekte des „Lebens in Gemeinschaft" werden etwas häufiger negativ besprochen.

Gemeinschaft allgemein — 74 / 6
Private Gemeinschaften — 72 / 10
An Ideen orientierte Gemeinschaften/Zwangsgemeinschaften — 76 / 19
Internetgemeinschaften — 78 / 5
Leben in Gemeinschaft — 64 / 20
Rational orientierte (Vertrags-)Gemeinschaften — 66 / 28
Gesamt — 73 / 12

Zeilenprozente   ■ positiv   ▨ neutral   □ negativ

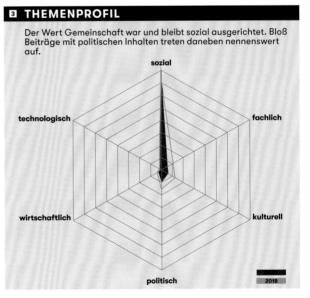

**3  THEMENPROFIL**

Der Wert Gemeinschaft war und bleibt sozial ausgerichtet. Bloß Beiträge mit politischen Inhalten treten daneben nennenswert auf.

sozial — fachlich — kulturell — politisch — wirtschaftlich — technologisch

2018

# Online-Beziehungen werden erwachsen.

### Viel Kontinuität, interessante Veränderungen im Detail.

Auf den ersten Blick ist der Wert Gemeinschaft vor allem von Kontinuität geprägt. Der Wert rangiert nach wie vor im Mittelfeld, seine Position im Werte-Index hat sich von Rang sieben im Jahr 2018 auf Rang sechs in dieser Untersuchung verschoben. Auch bei den Themenschwerpunkten findet nicht viel Veränderung statt. Die Kategorie „Private Gemeinschaften" wird mit 72 Prozent nach wie vor am häufigsten diskutiert (vgl. Abbildung 1). An zweiter Stelle folgt – wie 2018 – die Kategorie „Internetgemeinschaften", die ihren Anteil jedoch von 20 auf 28 Prozent steigern konnte. Allgemeine Diskussionen und die Kategorie, in der Aspekte des „Lebens in Gemeinschaft" diskutiert werden, fallen leicht zurück.

### Neue Freunde: Tiere!

Wenn es um den Wert Gemeinschaft geht, betrifft es also vor allem private Gemeinschaften zwischen einzelnen Menschen – und Freundschaft ist hier nach wie vor eines der wichtigsten Themen (vgl. Abbildung 4), auch wenn der Anteil um 17 Prozentpunkte fällt: Mit 45 Prozent Gesprächsanteil bezieht sich fast jedes zweite Posting darauf. Es ist auch jene Kategorie, die beim Blick auf typische Instagram-Beiträge ins Auge fällt: Hier feiert man die Freundschaft oder die beste Freundin. Frauen sprechen deutlich häufiger als Männer über dieses Thema. (vgl. auch Abbildung 7). Außerdem fällt auf Instagram ein neues Thema auf, das tatsächlich mengenmäßig relevant genug ist, um erstmals eine eigene Kategorie dafür zu erstellen: die Freundschaft zwischen Mensch und Tier. Sie macht aktuell gerade erst 2 Prozent aus (vgl. Abbildung 4), ist aber gerade auf Instagram deutlich vertreten. Fotos von Tieren, Selfies oder Bilder, die Kinder mit Tieren zeigen – in allen Bildunterschriften geht es um den Aspekt der Freundschaft zwischen Mensch und Tier. Tatsächlicher Medienschwerpunkt beim Thema „Private Gemeinschaften" sind aber Foren (vgl. Abbildung 6). Während insgesamt beim Wert Gemeinschaft 21 Prozent der Beiträge in Foren erscheinen, sind es, wenn es um Freundschaft, Partnerschaft und dergleichen geht, 35 Prozent. Wie beim Wert Gesundheit gilt: Foren bieten einen vertraulichen Rahmen, in dem User es wagen, um Rat zu fragen, wenn es um ihre

Instagram scheint das ideale Medium zu sein, um eine Freundschaft bzw. die beste Freundin zu feiern.

persönlichen Beziehungen geht. Über typischen „Kummerkasten-Content" hinaus wird auch die Definition, was eine gute Partnerschaft ausmacht, besprochen – und dabei spielt Freundschaft häufig eine wichtige Rolle.

## Differenzierte Betrachtung von Online-Beziehungen.

Interessante Veränderungen und Weiterentwicklungen tun sich in der Kategorie „Internetgemeinschaften" auf: Mit dem Anstieg des Gesprächsanteils differenzieren sich auch die Themen immens aus. Diese Entwicklung war schon 2018 deutlich spürbar. Damals spielten vor allem Influencer-Communitys eine große Rolle. Es wurde bereits klar, dass Beziehungen, die online stattfinden, völlig alltäglich und sehr relevant für die einzelnen User sind. Das ist ebenso in der aktuellen Untersuchung ersichtlich. Dazu gehört, dass das Online-Sozialleben sich mit jenem offline vermischt: Community-Mitglieder treffen sich im analogen Raum; analoge Beziehungen werden online gepflegt und zelebriert. Dazu kommt ein Aspekt, der so bislang noch nicht aufgefallen ist: Das Phänomen „Online-Beziehungen und -Gemeinschaften" ist gereift, differenziert sich aus und wird

Tier und wir – die Beiträge dazu liefern genug Stoff für eine neue Kategorie im Werte-Index 2020.

reflektierter als bisher diskutiert. Das zeigt sich etwa in den Gesprächen darüber, wie die Communitys und Online-Beziehungen technisch gemanagt werden können. Indem man die Einstellungen des jeweiligen Social Network entsprechend setzt, werden eigene Reichweite oder Privatheit optimiert. Mit diesen Möglichkeiten wird offensichtlich bewusster umgegangen als in der Vergangenheit. Darüber hinaus hat sich eine stärkere Meta-Diskussion rund um Online-Beziehungen entwickelt: Wie viel ist ein Facebook-Freund wert? Welche Netzwerke sind die besten für bestimmte Interessen? Welche Vor- und Nachteile ergeben sich aus Online-Beziehungen? Außerdem fallen Beiträge auf, die die Phänomene von Online-Freunden, Followern und Influencern ironisch verwerten.

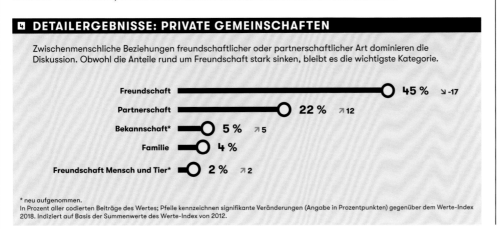

**◪ DETAILERGEBNISSE: PRIVATE GEMEINSCHAFTEN**

Zwischenmenschliche Beziehungen freundschaftlicher oder partnerschaftlicher Art dominieren die Diskussion. Obwohl die Anteile rund um Freundschaft stark sinken, bleibt es die wichtigste Kategorie.

| | |
|---|---|
| Freundschaft | 45 % ↘ -17 |
| Partnerschaft | 22 % ↗ 12 |
| Bekanntschaft* | 5 % ↗ 5 |
| Familie | 4 % |
| Freundschaft Mensch und Tier* | 2 % ↗ 2 |

* neu aufgenommen.
In Prozent aller codierten Beiträge des Wertes; Pfeile kennzeichnen signifikante Veränderungen (Angabe in Prozentpunkten) gegenüber dem Werte-Index 2018. Indiziert auf Basis der Summenwerte des Werte-Index von 2012.

Explizit stolz auf und froh über den Wert #gemeinschaft zeigt man sich auf Instagram in Vereinen oder ehrenamtlichen Organisationen wie der freiwilligen Feuerwehr.

**Politische Diskussionen rund um Gemeinschaft.** Zweckgemeinschaften, über die in Kategorien wie „Rational orientierte (Vertrags-)Gemeinschaften" gesprochen wird, und „An Ideen und Kulturen orientierte Gemeinschaften" spielen in den Gesprächen der Internetnutzer weiterhin eine untergeordnete Rolle. Bei Ersteren dominieren Gespräche rund um politische Gesinnungsgemeinschaften (9 Prozent); bei Letzteren überwiegt die Diskussion um Nationen bzw. Kulturgemeinschaften (7 Prozent) und hier vor allem der muslimischen und traditionell deutschen Werte-Gemeinschaften und ihrer gegenseitigen Abgrenzung. Auffällig ist, dass andere zweckorientierte Gemeinschaften wie für das Berufsleben, Kooperationen zwischen Unternehmen oder andere Zweckgemeinschaften in der Diskussion rund um den Wert Gemeinschaft nicht zur Sprache kommen.

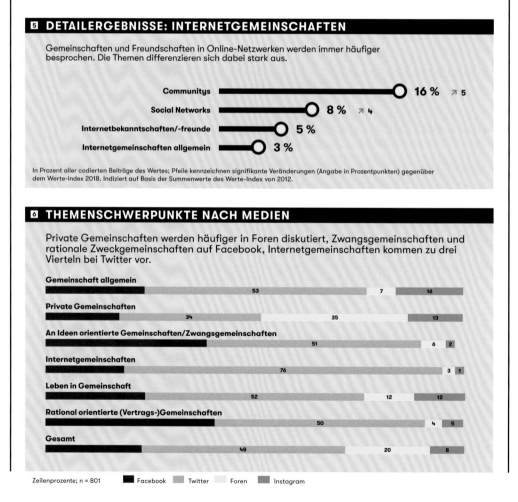

**5  DETAILERGEBNISSE: INTERNETGEMEINSCHAFTEN**

Gemeinschaften und Freundschaften in Online-Netzwerken werden immer häufiger besprochen. Die Themen differenzieren sich dabei stark aus.

| | |
|---|---|
| Communitys | 16 % ↗ 5 |
| Social Networks | 8 % ↗ 4 |
| Internetbekanntschaften/-freunde | 5 % |
| Internetgemeinschaften allgemein | 3 % |

In Prozent aller codierten Beiträge des Wertes; Pfeile kennzeichnen signifikante Veränderungen (Angabe in Prozentpunkten) gegenüber dem Werte-Index 2018. Indiziert auf Basis der Summenwerte des Werte-Index von 2012.

**6  THEMENSCHWERPUNKTE NACH MEDIEN**

Private Gemeinschaften werden häufiger in Foren diskutiert, Zwangsgemeinschaften und rationale Zweckgemeinschaften auf Facebook, Internetgemeinschaften kommen zu drei Vierteln bei Twitter vor.

| | Facebook | Twitter | Foren | Instagram |
|---|---|---|---|---|
| Gemeinschaft allgemein | | 53 | 7 | 16 |
| Private Gemeinschaften | | 34 | 35 | 13 |
| An Ideen orientierte Gemeinschaften/Zwangsgemeinschaften | | 51 | 6 | 2 |
| Internetgemeinschaften | | 76 | 3 | 1 |
| Leben in Gemeinschaft | | 52 | 12 | 12 |
| Rational orientierte (Vertrags-)Gemeinschaften | | 50 | 4 | 5 |
| Gesamt | | 48 | 20 | 8 |

Zeilenprozente; n = 801    ■ Facebook    Twitter    Foren    ■ Instagram

Foto: daniel_0394

# ... ich bin so dankbar, eine beste freundin wie dich zu haben.

# ... dafür habe ich meine online-communities – und darüber lerne ich auch ziemlich gut englisch.

# ... ändere einfach deine settings – dann sehen nur deine engsten freunde deine beiträge.

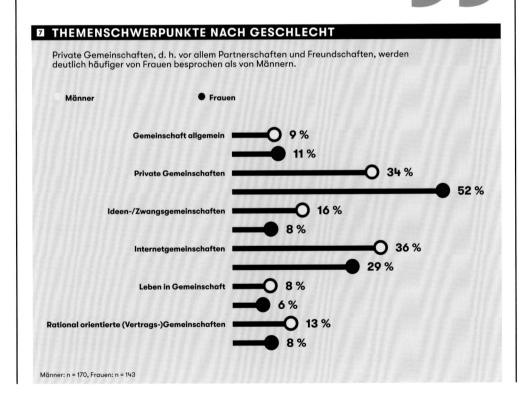

**7 THEMENSCHWERPUNKTE NACH GESCHLECHT**

Private Gemeinschaften, d. h. vor allem Partnerschaften und Freundschaften, werden deutlich häufiger von Frauen besprochen als von Männern.

○ Männer      ● Frauen

| Gemeinschaft allgemein | ○ 9 % |
| | ● 11 % |
| Private Gemeinschaften | ○ 34 % |
| | ● 52 % |
| Ideen-/Zwangsgemeinschaften | ○ 16 % |
| | ● 8 % |
| Internetgemeinschaften | ○ 36 % |
| | ● 29 % |
| Leben in Gemeinschaft | ○ 8 % |
| | ● 6 % |
| Rational orientierte (Vertrags-)Gemeinschaften | ○ 13 % |
| | ● 8 % |

Männer: n = 170, Frauen: n = 143

# Unternehmens-implikationen ____

**IN DER KOMMUNIKATION**

Empathische Kommunikation meint vor allem ehrliche Kommunikation. Zu wissen, um was es geht – die Situation des Kunden zu kennen und auch unangenehme Dinge zur Sprache zu bringen. **Die Kunst besteht einmal mehr darin, nahbar und nah am Kunden zu sein, jedoch ohne penetrant und übergriffig zu werden.**

Empathie spielt zuvorderst im direkten und persönlichen Kundenkontakt eine entscheidende Rolle. **Deshalb ist es so wichtig, dass Mitarbeiter gerade hier ausreichend Freiraum haben, um nicht nur empathisch zu wirken, sondern auch handeln zu können**: Einfache, unkomplizierte Lösungen im Sinne des Kunden brauchen Handlungsspielraum und entsprechend durchdachte Prozesse und Workflows.

**IN DER PRODUKT- UND SERVICE-ENTWICKLUNG**

Beziehungen sind ein erfolgreiches Produkt in der Netzwerkgesellschaft geworden. Jetzt geht es darum, in die Qualität von Beziehungen zu investieren. **Nicht das Maximieren von Kontakten steht im Mittelpunkt, sondern das Erlebnis von etwas Gemeinsamem, Verbindendem und vor allem Berührendem.**

Soziale Medien sind schlecht für das Selbstwertgefühl, Smartphones machen einsam. Aber: Digitale Kanäle geben noch keine Erlebnisqualität vor – es kommt darauf an, wie sie genutzt werden. **Innovationstreiber müssen sich der sozialen Wirkung und Auswirkung ihrer Produkte und Services bewusst werden.** Nur so können diese gestaltet, verbessert und optimiert werden.

**ALS ARBEITGEBER UND CORPORATE CITIZEN**

Erfolgreiche Unternehmen sind entscheidend von ihrer Unternehmenskultur abhängig. **Top-down gilt es, Rahmenbedingungen zu schaffen, die lebendige und empathische Teams fördern.** Dabei reicht es nicht, auf einer gefühligen Ebene zu bleiben. Im Gegenteil: Es gilt, das Thema ernst zu nehmen und entsprechend rational und konsequent anzugehen (vgl. auch Interview mit Verda Alexander, Seite 88).

**Empathie und gemeinsamer Spirit sind gerade für dezentral organisierte Unternehmen und Teams ein wichtiges Thema.** Digitale Tools von einfachen Chats bis hin zu Virtual-Reality-Umgebungen können die Qualität unterstützen, an etwas gemeinsam dran zu sein bzw. gemeinsam etwas zu erleben.

Fotos: ViaHero; Mesnerhof; Zwift

**Durch lokale Insider zum Entdecken angeleitet.** Die App **ViaHero** möchte das Reisen personalisieren und bietet ihren Nutzern die Möglichkeit, sich je nach individuellen Bedürfnissen mit einem Einheimischen matchen zu lassen. An diesen sogenannten Hero kann dann die ganze Reiseplanung abgegeben werden – zurück kommt der persönliche Reiseführer mit interaktiven Karten und allen Buchungsbestätigungen. Nutzer können mit ihrem lokalen Helden unlimitiert korrespondieren und so durch dessen Augen die Destination auch abseits der touristischen Pfade erkunden. – www.viahero.com

**Gemeinsam Arbeiten anders erleben.** **WeWork** bietet nicht nur physische und virtuelle Räume der Zusammenarbeit an, sondern denkt das Konzept ganzheitlicher und ergänzt das Angebot durch Krankenversicherung, internes soziales Netzwerk und zahlreiche Community-Building-Events. Das **WG-Hotel** ist mit seinem Design auf große Gruppen, die auch unterwegs zusammen wohnen und arbeiten wollen, ausgerichtet. Ebenfalls für inspirierende Tapetenwechsel sorgt der Alpenbauernhof **Mesnerhof-C,** der sich auf New-Work-Retreats spezialisiert hat. – www.wg-hotel.de www.mesnerhof-c.at www.wework.com

**Neue Gemeinschaften im virtuellen Raum.** Das Immobilienbüro **Exp Realty** ermöglicht mittels einer virtuellen Welt seinen Mitarbeitern, Verkäufern und Käufern dezentrale Organisation und Kommunikation. Dazu gehören zudem ungewöhnliche Freuden wie etwa, für ein Meeting im Speedboot auf eine Pirateninsel zu fahren. Auch Sportbegeisterte können sich auf neue Arten begegnen: Fahrradfahrer und Läufer, die mit Ausrüstung und App von **Zwift** trainieren, können an live übertragenen virtuellen Rennen teilnehmen. – www.exprealty.com www.zwift.com

# Experteninterview ___

# „Den tatsächlichen Bedürfnissen der Beschäftigten gerecht werden."

Wie können wir Arbeitsbereiche gestalten, die den Bedürfnissen der Beschäftigten entsprechen und einzeln sowie im Team gutes Arbeiten ermöglichen? **Studio O+A** ist ein in San Francisco ansässiges Innenarchitekturstudio, das für die Gestaltung stilvoller Büros für Tech-Kunden wie Facebook, Microsoft, Yelp, Cisco, Uber, Alibaba und andere bekannt ist. In diesem Interview sprechen wir mit der Mitbegründerin **Verda Alexander** darüber, warum wir die Gestaltung von Arbeitsbereichen im Kontext der „Ökonomie der Aufmerksamkeit" überdenken müssen.

F... **Warum müssen wir die Art und Weise, wie wir unsere Arbeitsbereiche gestalten, überdenken?** A... So viel Fortschritt wir in den letzten Jahrzehnten auch gemacht haben – wir haben kaum harte Daten über die Performance von Großraumbüros. Ich finde, wir sollten über ein Gesamtkonzept nachdenken, welches das körperliche und seelische Wohlbefinden unterstützt. Giftige Materialien beseitigen, Menschen anspornen, besser zu essen und sich mehr zu bewegen, für natürliches Licht und Pflanzen sorgen, aber auch eine unterstützende Umgebung schaffen, die uns bei unserer Arbeit ein gutes Gefühl verleiht. Ich glaube, vieles davon kann durch ein Umfeld erreicht werden, das Wachstum, Ermutigung, Ruhe und Rückzugsmöglichkeiten unterstützt, Sinnhaftigkeit ausstrahlt und dabei Leistung würdigt. Wir müssen überlegen, wie wir bessere Umgebungen für das individuelle und gemeinsame Arbeiten schaffen können.

*Als Mitbegründerin von Studio O+A war **Verda Alexander** 28 Jahre lang in der Designbranche tätig und definierte den Arbeitsplatz während dieser Zeit neu. Nun orientiert sie sich weg vom kommerziellen Mainstream des Kerngeschäfts von O+A und legt den Fokus ihrer Arbeit auf den Ausbau des Dialogs zwischen Design und Kunst.*

*www.o-plus-a.com*

F... **Welche Auswirkungen hat ein Arbeitsbereich auf die Arbeit im Team? Inwiefern unterscheiden sich Ihre Ansätze von der „klassischen" Gestaltung eines Großraumbüros?** A... Mit der Verbreitung von auf das Arbeiten „von überall" ausgerichteten Strategien werden Einzelne verstärkt außerhalb des Büros arbeiten. Für Angestellte wird das Büro daher immer wichtiger, um sich zu treffen und sich mit Kollegen auszutauschen. Die Büros der Zukunft werden weitaus stärker auf Teamarbeit ausgerichtet sein und dieser mehr Platz bieten. Wir versuchen, flexible Räume zu entwerfen, die sowohl für spontane Meetings als auf für Teamversammlungen, Einzelgespräche und mehr genutzt werden können. Dies schafft eine Lösung für große Immobilienbereiche mit Konferenzräumen, die nicht immer genutzt werden. Man muss erkennen, was das Unternehmen unter Teamarbeit versteht, und das Design dementsprechend anpassen. Vor einigen Jahren haben wir für einen Kunden ein komplett mobiles Büro entworfen, in dem sich Schreibtische und andere Möbel gänzlich frei bewegen ließen. Dieses Unternehmen arbeitete ausschließlich in flexiblen Teams, die sich nach jedem Projektzyklus – oft schon

nach wenigen Wochen – änderten. Für die meisten wäre dieses Maß an Veränderung zu viel, aber für ein Unternehmen, das nur im Team arbeitet, war es die ideale Lösung. Für einen anderen Kunden entwarfen wir sehr große geschlossene Büros für vier bis sieben Personen, die aber über einen ausschließlich für ihre Nutzung bestimmten Teambereich im selben Büro verfügten. Ihre Teams waren langfristig aufgestellt und fest verwachsen. Die Beschäftigten benötigten zudem viel Zeit für fokussierte individuelle Arbeit.

F… **Welche Rolle spielt Empathie für Sie in unserer sozialen Interaktion, und welche Rolle spielt sie in Ihren Entwürfen?** A… Für mich ist der Begriff überstrapaziert. Es klingt, als genüge es, wenn ich mich mit meinen Kollegen oder den Mitarbeitern meines Auftraggebers identifiziere, um bessere Räume zu gestalten. Paul Bloom beschreibt Empathie in seinem Buch „Against Empathy" sogar als Hindernis, das manchmal zum Gegenteil führt. Wir müssen das Problem mit Verstand angehen und mit rationalem Denken erschließen. Denn als Menschen wissen wir, dass unser Herz bereits involviert ist. Als Designer haben wir viele Erfahrungen mit der Gestaltung von Räumen gemacht, von denen einige besser als andere funktionieren. Durch eine aufrichtige, unvoreingenommene Bewertung der Funktionsweise gut umgesetzter Designs auf allen Ebenen des Wohlbefindens können wir unser Wissen in Zukunft anwenden, um bessere Designs für die Menschheit zu schaffen.

F… **Es heißt, dass wir in naher Zukunft mit Robotern zusammenarbeiten werden. Welchen Platz nehmen Computer und Roboter in Ihren architektonischen Entwürfen ein?** A… Wir haben noch nicht damit begonnen, Roboter in unsere Arbeitsbereiche einzugliedern, können uns das aber vorstellen. Wenn wir dann einmal mit Robotern zusammenarbeiten, brauchen diese kein natürliches Licht oder gar kein Licht. Sie essen nicht, machen keine Pausen und könnten rund um die Uhr im Büro bleiben, um zu arbeiten. Wenn ein Teil der Belegschaft automatisiert ist, könnte sich unsere Arbeitswelt drastisch ändern. Wahrscheinlicher ist für mich aber ein Anstieg der Nachfrage nach Immobilien und eine Verdopplung der Unternehmen im gleichen Raum mit mehr Gemeinschaftsflächen und der Weiterentwicklung des Co-Working. Wenn wir sie als Unterstützer unseres Wirkens betrachten, könnten Roboter an unserer Seite ein Modell begünstigen, das Raum im Raum schafft.

Das ungekürzte Interview im Original ist unter www.werteindex.de/o-plus-a zu lesen.

# „Wir sollten über ein Gesamtkonzept eines Designs nachdenken, welches das körperliche und seelische Wohlbefinden unterstützt."

**Der Wert Natur hat seine Unschuld verloren. Jahrelang herrschte ein verklärt-romantischer Blick auf die Natur vor. Jetzt werden Angst und Sorge um die Zukunft von Mensch und Planeten relevanter.** Noch nie war die Perspektive auf den Wert Natur so kritisch

**und politisch wie heute.** Die junge Generation stellt klare Forderungen nach einem verantwortungsvollen Umgang mit unserem Lebensraum. Das sollten sich auch Unternehmen zu Herzen nehmen.

2020_Platz **7** **Tendenz** ↘ [ 2018_Platz 1 ]

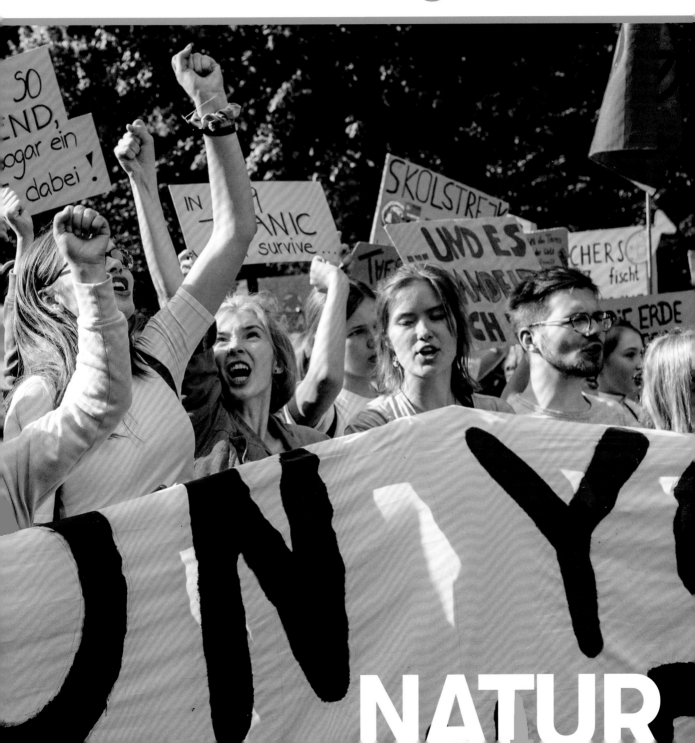

# Von der Sehnsucht zur Überlebensstrategie.

### Existenzielle statt spirituelle Fragen.

Wieder einmal ein etwas zu heißer Sommer, eine Vorkämpferin wie Greta Thunberg und die Fridays-for-Future-Bewegung haben uns gezeigt: Der Kampf um die Natur als Lebensraum des Menschen beginnt ernsthafte Formen anzunehmen. Mit ungesehener Vehemenz und Konsequenz bringen sich junge Millennials und die Generation Z hier ein. Klar – die Natur bleibt Sehnsuchtsort und Kraftplatz für unseren Geist und unsere Psyche. Für die Jungen ist eine ungleich existenziellere Perspektive aber wichtiger. Es geht um nichts weniger als die grundsätzlichen Voraussetzungen für ihre Zukunft. Während überspannte Gen-X-er noch unter professioneller Anleitung zum Waldbaden gehen, geht es deren Kindern darum, dass für sie überhaupt noch ein bisschen Wald am Leben bleibt.

### Verlust der Unschuld.

Zu den unschuldigen Gefühlen wie Sehnsucht, Geborgenheit und Ursprünglichkeit, die mit dem Wert Natur assoziiert werden, gesellen sich deutlich negativere wie Angst, (Selbst-)Mitleid und Wut. Greta Thunberg spricht aus, was viele bereits lange gedacht und gefühlt haben. Für die gebotene Drastik muss nicht zusätzlich übertrieben werden. Apokalyptische Szenarien kündigen sich bereits an. Ältere versuchen sich noch oftmals an die Strategien der Verdrängung und des „Wird schon nicht so schlimm werden" zu halten. Unter den Jungen erntet das nur mehr Kopfschütteln. Für sie ist die Notwendigkeit weitreichenderer, tiefgreifenderer Veränderungen selbstverständlich – und zwar jetzt.

### Vieles ist möglich. Gerade jetzt.

Die Jungen fordern die Alten, neue Wege zu gehen und Nägel mit Köpfen zu machen. Technische Lösungen allein sind zu wenig. Vielmehr brauchen wir Veränderungen an unterschiedlichen Punkten unseres Gesellschaftssystems. Konstruktive Ansätze entwickeln sich mit großer Geschwindigkeit – raus aus „Öko-Ecken", rein in den Mainstream. Emissionsneutral zu wirtschaften ist heute keine Frage der Möglichkeit, sondern der Entscheidung dafür. Vormals Undenkbares wird zur Zukunftsstrategie: Fleischproduzenten machen es vor und setzen im großen Stil auf pflanzliche Alternativen. Und die Sustainable Development Goals (SDGs) provozieren keine verständnislosen Reaktionen mehr, sondern befinden sich plötzlich ganz selbstverständlich auf der Agenda von vielen Unternehmen. Gesellschaft und Wirtschaft sind vielerorts schon viel weiter, als ihnen von politischen Entscheidungsträgern zugetraut wird.

### Nachvollziehbare Verantwortung.

Was bedeutet das für Unternehmen? Sich aktiv mit ihrer Rolle in und ihrer Beziehung zu unserem Öko-System auseinanderzusetzen – und den Mut zu haben, groß und radikal zu denken, wenn es um die Zukunft und ihre eigene Zukunftsfähigkeit geht. Unternehmen, die ausschließlich darauf setzen, Natürlichkeit und natürliche Produkte zu verkaufen, geben aktuell ein unfreiwillig naives oder zynisches Bild ab. Die Zeiten des Greenwashings sind endgültig vorbei. Es geht um eine glaubwürdige naturfreundliche Gesamtstrategie, die Unternehmen und Kunden als Teil der Natur versteht – und in diesem Dreieck wohlwollend mit allen umzugehen weiß. Und zwar ernsthaft, langfristig und nachvollziehbar.

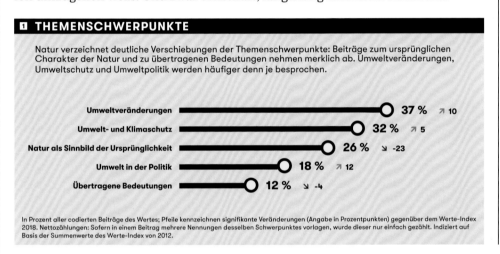

**1 THEMENSCHWERPUNKTE**

Natur verzeichnet deutliche Verschiebungen der Themenschwerpunkte: Beiträge zum ursprünglichen Charakter der Natur und zu übertragenen Bedeutungen nehmen merklich ab. Umweltveränderungen, Umweltschutz und Umweltpolitik werden häufiger denn je besprochen.

| | | |
|---|---|---|
| Umweltveränderungen | 37 % | ↗ 10 |
| Umwelt- und Klimaschutz | 32 % | ↗ 5 |
| Natur als Sinnbild der Ursprünglichkeit | 26 % | ↘ -23 |
| Umwelt in der Politik | 18 % | ↗ 12 |
| Übertragene Bedeutungen | 12 % | ↘ -4 |

In Prozent aller codierten Beiträge des Wertes; Pfeile kennzeichnen signifikante Veränderungen (Angabe in Prozentpunkten) gegenüber dem Werte-Index 2018. Nettozählungen: Sofern in einem Beitrag mehrere Nennungen desselben Schwerpunktes vorlagen, wurde dieser nur einfach gezählt. Indiziert auf Basis der Summenwerte des Werte-Index von 2012.

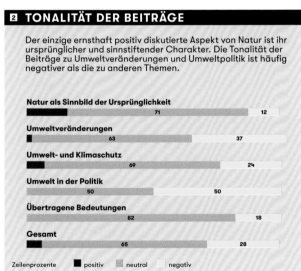

**2 TONALITÄT DER BEITRÄGE**

Der einzige ernsthaft positiv diskutierte Aspekt von Natur ist ihr ursprünglicher und sinnstiftender Charakter. Die Tonalität der Beiträge zu Umweltveränderungen und Umweltpolitik ist häufig negativer als die zu anderen Themen.

**Natur als Sinnbild der Ursprünglichkeit**
71 | 12

**Umweltveränderungen**
63 | 37

**Umwelt- und Klimaschutz**
69 | 24

**Umwelt in der Politik**
50 | 50

**Übertragene Bedeutungen**
82 | 18

**Gesamt**
65 | 28

Zeilenprozente ■ positiv ▨ neutral □ negativ

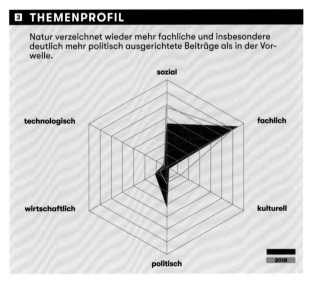

**3 THEMENPROFIL**

Natur verzeichnet wieder mehr fachliche und insbesondere deutlich mehr politisch ausgerichtete Beiträge als in der Vorwelle.

sozial · technologisch · fachlich · wirtschaftlich · kulturell · politisch

2018

# Weniger Romantik. Mehr Politik.

### Politische Diskussionen statt verklärte Wunschbilder.

Der Wert „Natur" verliert zwar seinen Spitzenplatz, die Diskussion innerhalb des Werts wird aber ungleich spannender. In den vergangenen Jahren dominierten Gespräche über die Natur als das einzig Wahre, Gute und Schöne und die Beschreibung von Naturerlebnissen. Jetzt wird es kritischer und politischer. Der Wert Natur wird rationaler und politisch engagierter diskutiert denn je (vgl.

Dieses Bild zeigt nicht nur Bauernhof-Idylle, sondern wird als Aufhänger zur kritischen Reflexion der Tierhaltung verwendet.

Abbildung 1). Die Kategorie „Natur als Ursprünglichkeit" verliert 23 Prozentpunkte Gesprächsanteil und damit ihren bislang unangefochtenen ersten Platz. In Führung geht die Kategorie „Umweltveränderungen" mit 37 Prozent (plus 10 Prozentpunkte), gefolgt von „Umwelt- und Klimaschutz" mit 32 Prozent (plus 5 Prozentpunkte). Gleich verdreifacht hat sich der Anteil der Beiträge, die „Umwelt in der Politik" thematisieren: von 6 auf 18 Prozent. War die Politik bislang in der Diskussion eine Randerscheinung, rückt sie nun näher ins Zentrum.

### Einigkeit darüber, dass etwas geschehen muss.

Die boomenden Kategorien sind thematisch eng miteinander verwoben. In der Kategorie „Umweltveränderungen" ist der wichtigste Treiber das Thema „Ressourcenverbrauch", das von 4 auf 12 Prozent gestiegen ist (vgl. Abbildung 4). In der Kategorie „Umwelt- und Klimaschutz" wird die spezifische Verantwortung für die Umwelt von einzelnen Personen oder -gruppen seltener diskutiert; dafür nimmt die allgemeine Diskussion stark zu (vgl. Abbildung 5). In dieser Kategorie zeigen sich auch Unterschiede im Diskussionsverhalten zwischen den Generationen: Das Thema wird von Usern der Generation Y signifikant häufiger besprochen als von älteren Generationen. Während der Gesprächsanteil bei der Gen Y bei 28 Prozent liegt, sind es bei Älteren 20 Prozent (vgl. Abbildung 7). In der Kategorie „Umwelt in der Politik" werden sowohl die allgemeine Kategorie als auch die Partei Bündnis 90/Die Grünen signifikant häufiger besprochen.

## Kontroverse darüber, was geschehen soll.

Was in allen drei Kategorien auffällt, ist die vorwiegend engagierte und differenzierte Auseinandersetzung mit dem Umweltschutz und den entsprechenden Maßnahmen. Vorweg: Es herrscht eine überwältigende Einigkeit über die Notwendigkeit von Umweltschutzaktivitäten und auch darüber, wie problematisch der menschliche Einfluss auf die Umwelt ist. Gegenstimmen, die eine „Klimahysterie" beklagen oder die Priorität des Umweltschutzes infrage stellen, finden sich lediglich vereinzelt. Konkrete Maßnahmen werden hingegen sehr kontrovers diskutiert: unterschiedliche Ansätze (z. B. E-Mobilität) werden detailliert mit Vor- und Nach-

Besondere Begegnungen mit der Tierwelt in der Natur gehören zu den beliebten Motiven auf Instagram.

teilen besprochen; unternehmerische Aktivitäten werden hinterfragt; politische Maßnahmen, wie z. B. eine $CO_2$-Steuer, werden differenziert kritisiert. Manch gut gemeintes Vorgehen, wie z. B. der Ausbau der Windenergie, wird infrage gestellt und in die oft aufgefundene Aufzählung unterschiedlicher Umweltprobleme eingereiht. Bündnis 90/Die Grünen sind die am häufigsten explizit erwähnte Partei. Insgesamt werden vor allem die geforderten Aktionen kritisiert – ob sie weit genug gehen, tatsächlich effektiv oder aber kontraproduktiv sind. Alles in allem ergibt sich das Bild einer engagierten und differenzierten Diskussion mit einem gemeinsamen Nenner: dem Ruf nach effektiven Veränderungen.

### ⬛ DETAILERGEBNISSE: UMWELTVERÄNDERUNGEN

Der Anstieg der Kategorie ist vor allem mehr Gesprächen rund um den Ressourcenverbrauch geschuldet. Die Beiträge darüber verdreifachen sich.

| | |
|---|---|
| Umweltverschmutzung durch den Menschen | 15 % |
| Ressourcenverbrauch | 12 % ↗ 8 |
| Missachtung der Umwelt | 8 % |
| Klimawandel | 4 % |
| Umweltveränderungen allgemein | 3 % |
| Umweltschäden durch Unternehmen | 2 % |

In Prozent aller codierten Beiträge des Wertes; Pfeile kennzeichnen signifikante Veränderungen (Angabe in Prozentpunkten) gegenüber dem Werte-Index 2018. Indiziert auf Basis der Summenwerte des Werte-Index von 2012.

Der Wald ist für viele Instagrammer der Inbegriff der #natur.

## Gute Stimmung auf Instagram.

Lediglich auf Instagram herrscht noch überwiegende Unbeschwertheit. Schnappschüsse, mit denen User ihren freudvollen Tag in der Natur dokumentieren, bleiben das am häufigsten gepostete Motiv. Aber selbst hier tauchen aktuell kritisch-reflektierende Beiträge auf. Beim Blick auf die Influencer wird klar: Die Politisierung des Diskurses geht auf ihre Kosten. Insgesamt finden sich im Sample auffällig wenige Beiträge von Influencern zum Wert Natur. In den vorhandenen Beiträgen setzen sie weiterhin auf das Feel-Good-Thema der Natur als das Wahre, Gute und Schöne. Im Gegensatz zum Rest der User ist es unter den Influencern immer noch das am häufigsten besprochene Thema.

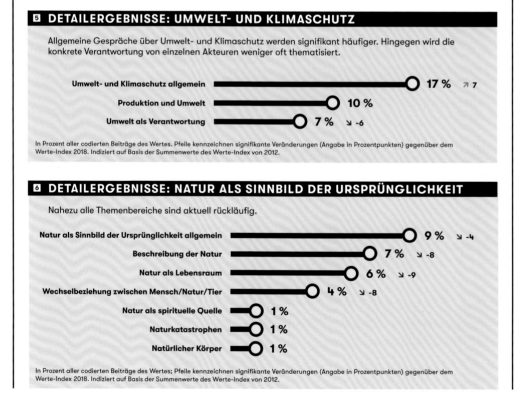

**5 DETAILERGEBNISSE: UMWELT- UND KLIMASCHUTZ**

Allgemeine Gespräche über Umwelt- und Klimaschutz werden signifikant häufiger. Hingegen wird die konkrete Verantwortung von einzelnen Akteuren weniger oft thematisiert.

Umwelt- und Klimaschutz allgemein — 17 % ↗ 7
Produktion und Umwelt — 10 %
Umwelt als Verantwortung — 7 % ↘ -6

In Prozent aller codierten Beiträge des Wertes. Pfeile kennzeichnen signifikante Veränderungen (Angabe in Prozentpunkten) gegenüber dem Werte-Index 2018. Indiziert auf Basis der Summenwerte des Werte-Index von 2012.

**6 DETAILERGEBNISSE: NATUR ALS SINNBILD DER URSPRÜNGLICHKEIT**

Nahezu alle Themenbereiche sind aktuell rückläufig.

Natur als Sinnbild der Ursprünglichkeit allgemein — 9 % ↘ -4
Beschreibung der Natur — 7 % ↘ -8
Natur als Lebensraum — 6 % ↘ -9
Wechselbeziehung zwischen Mensch/Natur/Tier — 4 % ↘ -8
Natur als spirituelle Quelle — 1 %
Naturkatastrophen — 1 %
Natürlicher Körper — 1 %

In Prozent aller codierten Beiträge des Wertes; Pfeile kennzeichnen signifikante Veränderungen (Angabe in Prozentpunkten) gegenüber dem Werte-Index 2018. Indiziert auf Basis der Summenwerte des Werte-Index von 2012.

**"**

# ... beim elektroauto wird plötzlich kritisch die ganze klimabilanz betrachtet. beim verbrennermotor macht das niemand.

# ... wenn ein unternehmen wirklich ökologisch denkt, überdenkt es auch mal seine verpackungen!

**"**

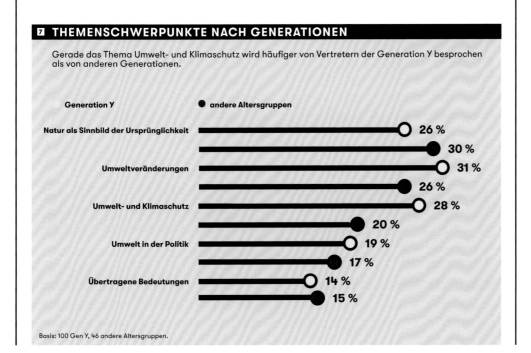

**7 THEMENSCHWERPUNKTE NACH GENERATIONEN**

Gerade das Thema Umwelt- und Klimaschutz wird häufiger von Vertretern der Generation Y besprochen als von anderen Generationen.

Generation Y        ● andere Altersgruppen

Natur als Sinnbild der Ursprünglichkeit    26 %
                                            30 %

Umweltveränderungen                         31 %
                                            26 %

Umwelt- und Klimaschutz                     28 %
                                            20 %

Umwelt in der Politik                       19 %
                                            17 %

Übertragene Bedeutungen                     14 %
                                            15 %

Basis: 100 Gen Y, 46 andere Altersgruppen.

# Unternehmens-
# implikationen ▬▬

**IN DER KOMMUNIKATION**

Die Kommunikation in Sachen Natur ist derzeit eine echte Herausforderung, aber eine, die sich lohnt. Es gilt, in Zeiten der Krise nicht verklärend-romantisierend zu sein (und damit entweder unfreiwillig naiv oder zynisch zu wirken), und zugleich nicht in panisch-alarmistische Tonalität zu verfallen. **Positiv, aber realistisch; optimistisch, aber ehrlich.** Das funktioniert nur, wenn man die entsprechenden Angebote auch tatsächlich machen kann und es nicht beim Greenwashing bleibt.

**IN DER PRODUKT- UND SERVICE-ENTWICKLUNG**

Naturverträglichkeit sind keine Bonus-Features oder Add-ons, sondern grundlegende Qualitätsmerkmale. Das verändert die Produktentwicklung: **Ökologische Unbedenklichkeit wird zum Standard – wer mehr als das bietet, erhält ein Alleinstellungsmerkmal** (siehe auch Interview mit Mattias Weser auf Seite 100). Dazu braucht es die Bereitschaft zu radikalen Innovationen und damit neue Denkansätze sowie ungewöhnliche Partner in der Entwicklung. Es gilt also, den eigenen Horizont in puncto seines Angebots zu erweitern.

**Um ein Basis-Level an ökologischer Verträglichkeit zu halten, bieten Kompensationsservices ein gutes Angebot.** Diese lassen sich zum Beispiel in die Produkt- und Servicenutzung gut integrieren, etwa in dem Sinne, dass mehr Nutzung mehr Kompensation bedeuten würde.

**Naturerlebnisse selbst bleiben bei aller Krisenstimmung relevant.** Im Experience-Design ist dabei vor allem wichtig zu beachten, dass die Natur nicht bloß konsumiert oder als Kulisse genutzt wird. Sondern dass der Charakter des Erlebnisses sensibel auf die Natur abgestimmt wird. Events im Grünen werden zu emissionsarmen, müllvermeidenden und bewusstseinsschaffenden „Green Events".

**ALS ARBEITGEBER UND CORPORATE CITIZEN**

Ginge es nach der Politik, hätten Unternehmen noch Zeit und Spielraum, sich in Sachen Umwelt auszuruhen. Aber das bringt weder Natur noch Unternehmen etwas. **Positiv abheben werden sich jene Unternehmen, die nicht auf den Gesetzgeber warten, sondern selbst neue und hohe Standards setzen.** Hier empfehlen sich ebenfalls Allianzen mit Experten, Partnern und Mitbewerbern.

**Allein ist die Welt nicht zu retten.** Nicht nur Unternehmen sind gefragt, sondern auch Kunden, Gesetzgeber und andere Branchenakteure, die am gleichen Strang ziehen. Ernsthafte Corporate Citizens setzen sich mit den notwendigen systemischen Veränderungen auseinander und sehen, wo sie ihren Beitrag dazu leisten können.

Fotos: Plasticbank; Serenbe J. Ashley; Compensaid

**Mehr-Wert-Schöpfung.** Der Natur mehr zurückgeben, als man ihr genommen hat – das möchte die britische Baumarkt-Kette Kingfisher machen: **Kingfisher** hat sich zum Ziel gesetzt, Natur zu schützen und mehr Wald zu schaffen, als es für seine zu 40 Prozent aus Holz bestehenden Produkte nutzt. Die **Plastic Bank** macht den Wert von Kunststoffmüll sichtbar, indem sie Plastik gegen Geld- und Sachleistungen oder in Blockchain-abgesicherte digitale Guthaben eintauscht. –
www.kingfisheruk.com
www.plasticbank.com

**Leben in der Agrihood.** Das Dorf Serenbe hat die umliegende Landschaft sensibel mit eingeplant: Es hat sich rund um einen Bio-Bauernhof angesiedelt, hinter jedem Haus gibt es einen Pfad in den Wald, alles ist barrierefrei und zu Fuß erreichbar. Im Mittelpunkt steht das Wohlbefinden im Einklang mit der Natur. Solche Wellness-Lifestyle-Communitys sprießen weltweit aus dem Boden – von **Drömgården** in Schweden bis zu Avira in Malaysia. Das Dorf von **WOHNWAGON** (siehe Werte-Index 2016) in Österreich wird sogar ganz autark. –
www.serenbe.com
www.dromgarden.com
www.avira-medini.com
www.wohnwagon.at

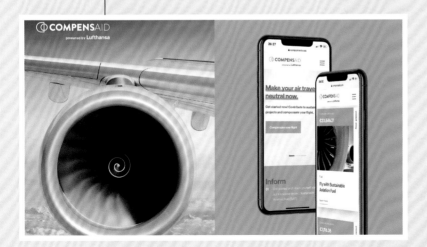

**Luftfahrt vs. Flugscham.** Die Fluglinien machen mobil und vertreten ihren Standpunkt, wenn es um umweltbewusstes Reisen geht. Die niederländische Fluglinie **KLM** macht mit der groß angelegten Kampagne „Fly responsibly" aufmerksam: Hier werden Kunden und alle Stakeholder der Branche auf ihren Teil der Verantwortung angesprochen, wenn es darum geht, Flugverkehr umweltbewusst zu gestalten: Sei es weniger zu fliegen oder in alternative Treibstoffe zu investieren. Auf Letzteres setzt auch die **Lufthansa**, die über ihr eigenes Kompensationsprogramm **Compensaid** den Einsatz an einer $CO_2$-reduzierten Alternative zu Kerosin (SAF) fördert. –
https://flyresponsibly.klm.com
https://compensaid.com/

# Experteninterview ____

# „Es geht um echte Facts, echte Probleme, echte Transparenz."

Sehr strategisch gingen die drei Gründer – Mattias Weser, Jim Tichatschek und John Tichatschek, allesamt Vertreter der Generation Y – von Kushel, der ersten klima- und ressourcenpositiven Textilmarke der Welt, an ihr Vorhaben heran. Klar war, dass es um ein Unternehmen gehen sollte, das für die Natur funktioniert und dabei wirtschaftlich erfolgreich ist. Mit ihrem Ansatz, der Natur mehr zurückzugeben, als man ihr entnommen hat, zeigt das Start-up, dass auch in der Textilbranche ehrgeizige Standards möglich sind und sich bezahlt machen: eine umweltfreundliche Produktion, die Kompensation über Klimaschutzprojekte und obendrein noch eine Baumpflanz-Aktion.

**F...** **Mattias, Kushel stellt eine ungewöhnliche Verbindung zwischen Badezimmer und Natur her. Was war zuerst da – die Liebe zum Wald oder die Suche nach dem perfekten Handtuch?** **A...** Kushel ist sehr strategisch entstanden. Ökologische Nachhaltigkeit war unser Top-Thema. Schnell war klar, dass wir auf einen B2C-Direktvertrieb bauen. Mit einem zeitlosen Produkt, das sich einfach versenden lässt und nicht oft zurückgesandt wird. Irgendwann sind wir auf das Handtuch gekommen. In diesem Markt geht in Sachen Nachhaltigkeit und Lifestyle sehr wenig, so wie im gesamten Interior-Bereich. Auf der Suche nach den besten Materialien für Umwelt und Kunden sind wir recht schnell auf die Modalfaser aus Buchenholz gestoßen. Beim Produzenten Lenzing in Österreich waren wir beeindruckt von den riesigen Fabriken, die sogar $CO_2$-neutral sind. Auf dem Weg nach Hause haben wir gedacht: „Wenn der Part der Produktion schon $CO_2$-neutral ist, dann können wir der Umwelt ja mehr zurückgeben, als wir insgesamt verbrauchen!"

*Mattias Weser* ist Mitbegründer von Kushel, der ersten klima- und ressourcenpositiven Textilmarke der Welt. Mattias Weser ist auch Teil der Gustavo Trading GmbH, die Produkte mit sozialem Anspruch vertreibt. Zuvor war er u. a. als Brand-Manager und Consultant tätig.

*www.kushel.de*
*www.gustavo.de*

**F...** **Wie seid ihr dann weiter vorgegangen?** **A...** In Zusammenarbeit mit der Klimapatenschaft haben wir die gesamte Supply-Chain nach ihrem Verbrauch durchgerechnet. Da gab es viele Fragen, etwa: „Wozu wollt ihr wissen, wie viel Strom das Baumwollfeld verbraucht?" Man hat uns auch doof angeschaut, warum wir Bio-Baumwolle mit Modal mixen wollen: „Das bringt doch nix! Das ist doch nur teuer!" Aber es bringt schon was: Es bringt 44 Prozent weniger $CO_2$ und über 98 Prozent weniger Wasserverbrauch im Vergleich zum normalen Handtuch. Das ist also schon ein großer Impact.

**F...** **Wie weit hilft euch bei eurem Geschäftsmodell die Assoziation zum Wert Natur?** **A...** Da gibt es zwei Ebenen. Zum einen als höheres Ziel, als Thema, bei dem wir etwas bewirken wollen. Der Wert Natur hilft uns auf alle Fälle dabei, Kommunikation anzutre-

Fotos: Kushel

ten. Zum anderen, um einen persönlichen Benefit zu liefern. Unser Produkt ist hochwertig und aus natürlichen Materialien. Das ist auch besonders wichtig, weil Handtücher und Bademäntel immer direkten Hautkontakt haben.

F... **Wir beobachten einen Wandel des Werts Natur von einem Sehnsuchtsfeld zu einem Schauplatz existenzieller Konflikte. Was sind eure Beobachtungen dazu?** A... Ich bin ja Schwede und habe Greta Thunberg auch schon entdeckt, als sie so 200 Likes hatte. Dass das so durch die Decke gegangen ist, finde ich superschön. Wir leben in Zeiten, in denen es wirklich darauf ankommt, dass ein Wandel stattfindet. Wir brauchen keine Imagekampagnen à la „Bis 2030 schaffen wir es bis plus minus 0". Um für jede marginale Innovationsstufe den Marketing- und Kommunikationswert abzumelken und dann erst wieder weiterzumachen, dafür haben wir keine Zeit mehr. Wir müssen sofort nach vorn preschen. Dieser Wandel bedeutet auch, dass die Natur als Sehnsuchtsfeld nicht mehr vom Marketing ausgeschlachtet werden kann. Sondern dass es jetzt um echte Facts, echte Probleme, echte Transparenz geht.

F... **Was tut sich in der Textilbranche insgesamt?** A.... Grundsätzlich versteckt sich die Textilbranche hinter bestehenden Standards, wie zum Beispiel biologischer Baumwolle. Das ist ja nicht ganz schlecht. Aber Baumwolle ist einfach ein riesiger Wasserverschwender. Es wird viele neue Start-ups geben mit neuen Materialien: Hanf, Holz, Bambus. Die Großen versuchen immer noch, einen Kompromiss zu finden, der für sie wirschaftlich funktioniert. Aber den meisten fehlen bisher die Eier, etwas Großes zu machen. Ich würde gern noch mehr Firmen sehen, die etwas Großes, Neues probieren – oder auch dass andere uns kopieren. Das wäre natürlich super. Bevor man viel Geld in Kommunikations-Bullshit und künstliche Bedürfnisse steckt, steckt doch das Geld lieber in echte, nachhaltige Innovationen. Schafft selbst etwas Neues – dann werden euch die Konsumenten lieben, und die Kommunikation wird automatisch viel, viel besser funktionieren.

Das ungekürzte Interview ist unter www.werteindex.de/kushel zu lesen.

Lesen Sie auch das Interview mit **Linda Kokott** und **Bijan Latif** von **Das Walden,** wie sie den Wald als Arbeitsraum für Wissensarbeiter erschließen, auf www.werteindex.de/ daswalden.

# „Wir leben in Zeiten, in denen es wirklich darauf ankommt, dass ein Wandel stattfindet."

**Wenn die Frage nach der eigenen Rolle in der Gesellschaft immer schwieriger zu beantworten ist, steht der Selbstwert auf dem Spiel. Umso wichtiger wird die Wertschätzung, die wir uns selbst und einander schenken.** Anerkennung erfordert Gegenseitigkeit. **Auch**

AN

**Unternehmen müssen sich weiter darin üben, eine wertschätzende Haltung auf Augenhöhe zu leben – gleichermaßen gegenüber ihren Mitarbeitern, Kunden und Partnern.**

2020_Platz **8** **Tendenz** → [ 2018_Platz 8 ]

# ERKENNUNG

### Wege zu Anerkennung werden steiniger.

Die Umwälzungen in der Arbeitswelt eröffnen neue persönliche Gestaltungsräume. Doch durch die eigene Arbeit Anerkennung zu erfahren ist kein einfacher Weg mehr: Wie auch die Ergebnisse zum Wert Erfolg zeigen, reicht es nicht aus, eine bestimmte Position zu erreichen oder ein bestimmtes Gehalt zu bekommen. Sinnstiftung steht im Mittelpunkt. Verschärft wird diese Dynamik durch Digitalisierung und Automatisierung, durch die viele Menschen in einen Konkurrenzkampf mit Maschinen treten müssen. Und das kratzt gehörig am Selbstwert. In unserer Leistungsgesellschaft gilt es immer noch, zu leisten und produktiv zu sein. Mit den Jobs, die manche von uns an neue Technologien verlieren, geht nicht nur ein Einkommensverlust einher, sondern auch eine Identitätskrise der Betroffenen. Wie sie mit welcher Erwerbstätigkeit ihren gesellschaftlichen Beitrag leisten, das nötige Geld verdienen und dafür Anerkennung bekommen können, bleibt offen.

### Jeder Mensch ein Künstler?

Wer sich wendig (und idealistisch) genug wähnt, gibt sich den Versprechungen der Individualisierung hin: die eigene Leidenschaft entdecken und sie zu Geld machen. Doch was tun, wenn es da nichts diesem Zweck vermeintlich Dienendes gibt? Nichts ist einzigartig genug? Nichts künstlerisch genug? Eine permanente Selbstüberforderung mit latenter Selbstverachtung nennt das der Philosoph Peter Sloterdijk, der den Individualismus als eine Zumutung für den Einzelnen sieht. Denn der sei gezwungen, mehr aus sich rauszuholen, als er könne.

### Anerkennung beruht auf Gegenseitigkeit.

Wenn der Blick durch die Leistungsbrille keine Anerkennung bringt, dann ist ein Perspektivenwechsel notwendig. Und so wächst die Sehnsucht des Einzelnen danach, gesehen zu werden, wie er ist. Danach, zu erfahren, dass es reicht, wie er ist. Besonders in Beziehungen wird versucht, dieses Bedürfnis zu stillen. Denn Anerkennung verlangt ein gleichermaßen wertgeschätztes wie wertschätzendes Gegenüber. Gemeinsame Interessen und Werte schmieren dieses Getriebe. Es geht darum, Orte aufzubauen, an denen Stärken und Schwächen des anderen zugleich akzeptiert und dennoch auch zu wohlwollenden Möglichkeitsräumen werden, voneinander zu lernen. Sei es in Freundschaften, Vereinen oder am Arbeitsplatz.

### Wertschätzungsketten gestalten.

Für Unternehmen gilt, Anerkennung als begehrte Ressource zu erkennen und zu behandeln. Vielfalt zu sehen bedeutet nicht, diese bloß zu kommunizieren. Gutes Diversity-Management wird als ganzheitliches Konzept gedacht (siehe dazu auch Interview mit Stuart Cameron auf Seite 112). Das schafft ein System, in dem alle das Prinzip der Vielfalt als Bereicherung erleben, sich selbst wertgeschätzt fühlen und andere wertschätzen. Darüber hinaus geht es darum, einen Standpunkt gegenüber dem Wert menschlicher Arbeit und von Arbeitsplätzen im Zeitalter der Automatisierung zu entwickeln.

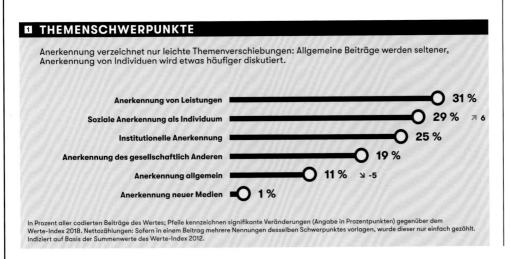

**1 THEMENSCHWERPUNKTE**

Anerkennung verzeichnet nur leichte Themenverschiebungen: Allgemeine Beiträge werden seltener, Anerkennung von Individuen wird etwas häufiger diskutiert.

Anerkennung von Leistungen — 31 %
Soziale Anerkennung als Individuum — 29 % ↗ 6
Institutionelle Anerkennung — 25 %
Anerkennung des gesellschaftlich Anderen — 19 %
Anerkennung allgemein — 11 % ↘ -5
Anerkennung neuer Medien — 1 %

In Prozent aller codierten Beiträge des Wertes; Pfeile kennzeichnen signifikante Veränderungen (Angabe in Prozentpunkten) gegenüber dem Werte-Index 2018. Nettozählungen: Sofern in einem Beitrag mehrere Nennungen desselben Schwerpunktes vorlagen, wurde dieser nur einfach gezählt. Indiziert auf Basis der Summenwerte des Werte-Index 2012.

**2 TONALITÄT DER BEITRÄGE**

Allgemeine Anerkennung und „Anerkennung von Leistungen" werden häufiger positiv diskutiert, „Institutionelle Anerkennung" häufiger neutral oder negativ.

Anerkennung allgemein
37 / 21

Institutionelle Anerkennung
41 / 43

Anerkennung von Leistungen
25 / 14

Anerkennung des gesellschaftlich Anderen
36 / 34

Soziale Anerkennung als Individuum
37 / 29

Gesamt
37 / 36

Zeilenprozente ■ positiv ▨ neutral □ negativ

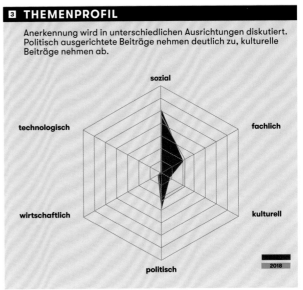

**3 THEMENPROFIL**

Anerkennung wird in unterschiedlichen Ausrichtungen diskutiert. Politisch ausgerichtete Beiträge nehmen deutlich zu, kulturelle Beiträge nehmen ab.

sozial
fachlich
technologisch
kulturell
wirtschaftlich
politisch

2018

# Respekt vor Leistungen. Politisches bewegt.

### Anerkennung des Einzelnen nimmt zu.

Im Vergleich zum Werte-Index 2018 sind die Position des Werts auf dem achten Rangplatz und die am häufigsten diskutierten Themen stabil, jedoch hat sich ihre Gewichtung verändert: Die „Anerkennung von Leistungen" bleibt auch aktuell der wichtigste Gesprächsinhalt (vgl. Abbildung 1). Dabei kommt vor allem die Anerkennung von Leistungen in konkreten Bereichen häufiger zur Sprache als in vorangegangenen Untersuchungen (vgl. Abbildung 4). Darüber hinaus ist die Verteilung über die unterschiedlichen Kategorien weitgehend gleichbleibend. Instagram zeichnet sich für Themen mit persönlichem Bezug – „Anerkennung von Leistungen" und „Soziale Anerkennung als Individuum" – als ein besonders geeigneter Kanal aus. „Institutionelle Anerkennung" wird dort kaum verbalisiert, darüber wird auf Twitter häufiger geschrieben.

Anerkennung zu erfahren ist ein wichtiges Thema, wenn es um Freundschaften geht – Freundschaften, bei denen man sich auf Augenhöhe und ungeachtet von Hautfarbe und Status begegnet.

### Politisierung der Debatte rund um Anerkennung und Migration.

Während die Kategorie „Soziale Anerkennung als Individuum" um 6 Prozentpunkte ansteigt, bleibt sie beim Blick auf die Verhältnisse in ihren Detailergebnissen stabil (vgl. Abbildung 5). Umgekehrt verhält es sich bei der Kategorie „Institutionelle Anerkennung": Diese bleibt annähernd beim Niveau des Werte-Index 2018, verzeichnet jedoch ein Plus von 4 Prozentpunkten in der Unterkategorie „Politische Anerkennung/Ablehnung" (vgl. Abbildung 6). Wie 2018 sind hier Diskussionen im Kontext von Asyl und Flüchtlingen relevant – insbesondere die Seenotrettung und die Position, die betroffene EU-Mitgliedsländer, vor allem Italien, diesbezüglich einnehmen. Außerdem wird unterschiedlichen Politikern aus unterschiedlichsten Gründen der Respekt oder das Gegenteil davon ausgesprochen. Das spiegelt sich auch im Themenprofil des Werts Anerkennung wider: Politisch ausgerichtete Beiträge nehmen deutlich zu, kulturelle Beiträge nehmen ab (vgl. Abbildung 3). Jedoch geht es in diesem thematischen Kontext in den Diskussionen auch weiterhin um die Anerkennung oder Ablehnung von Asylbescheiden

Fotos: naomaclark.official (li.); mama.gluecksbaerchi (re.)

von Asylsuchenden, die Anerkennung hiesiger Normen und Werte durch Flüchtende bis zur Anerkennung der Stellung der Frau.

**Debatten werden wieder emotionaler.**

Im Allgemeinen gilt weiterhin, dass jede Äußerung in den sozialen Medien als Suche nach Anerkennung gedeutet werden kann. Man teilt seine Meinung (auch) mit, um Bestätigung zu erhalten. Das passiert implizit, aber auch explizit. User zollen anderen Respekt und Anerkennung. Und User fordern Anerkennung und Respekt für sich und andere ein. Das tun Individuen wie auch soziale Gruppen. In der aktuellen Untersuchung fällt jedoch auf, dass sich die Tonalität der Beiträge zum Wert Anerkennung insgesamt stark verschoben hat: War im Werte-Index 2018 noch eine Versachlichung der Debatte zu beobachten, wurden in der aktuellen Erhebung anteilig signifikant mehr negative Beiträge gemessen – ihr Anteil steigt von 10 auf 36 Prozent. Während 2018 mit 65 Prozent noch die neutralen Meldungen überwogen, so nähern sich diese aktuell mit 37 Prozent wieder dem Niveau des Werte-Index 2014 an. Der Anteil positiver Beiträge bleibt mit 27 Prozent hingegen annähernd identisch. Überdurchschnittlich positiv konnotiert sind Beiträge, in denen es um die „Anerkennung von Leistungen" und um Anerkennung im Allgemeinen geht. Die Beiträge rund um „Institutionelle Anerkennung" sind hingegen überdurchschnittlich negativ konnotiert (vgl. Abbildung 2).

Respekt haben, Respekt erlernen, festhalten, wovor man Respekt hat – im Sinne eines Umgangs mit Achtung vor unserer Umwelt. Das ist auch Thema bei Reflexionen mit Selfie auf Instagram.

---

**🄳 DETAILERGEBNISSE: ANERKENNUNG VON LEISTUNGEN**

Insgesamt gesehen ergeben sich kaum Verschiebungen. Anerkennende Beiträge zu Leistungen in verschiedensten konkreten Bereichen sind etwas häufiger zu verzeichnen.

| | |
|---|---|
| Konkrete Leistungen | 9 % ↗ 4 |
| Im Sport | 6 % |
| Im Beruf | 6 % |
| Anerkennung von Ideen/Vorschlägen/Versuchen | 4 % |
| Andere Tätigkeiten | 3 % |
| Leistung allgemein | 3 % |
| Abschlüsse | 1 % |
| Status | 1 % |

In Prozent aller codierten Beiträge des Wertes; Pfeile kennzeichnen signifikante Veränderungen (Angabe in Prozentpunkten) gegenüber dem Werte-Index 2018. Indiziert auf Basis der Summenwerte des Werte-Index 2012.

Sportlichen Leistungen
Respekt auszusprechen
– ein beliebtes Motiv auf
Instagram.

### Influencer anerkennen vor allem Leistungen.

Der Vergleich zwischen Influencern und anderen Usern zeigt klar, bei welchen Themen sich Influencer zurückhalten: So wird die Diskussion institutioneller Aspekte von Anerkennung sowie der „Anerkennung des gesellschaftlich Anderen" deutlich seltener von Influencern geführt. Wesentlich häufiger werden hingegen die „Anerkennung von Leistungen" und die „Soziale Anerkennung als Individuum" diskutiert (vgl. Abbildung 7).

**5  DETAILERGEBNISSE: SOZIALE ANERKENNUNG ALS INDIVIDUUM**

Respekt und Anerkennung anderer Personen sind und bleiben die häufigsten Themen für Beiträge auf Social Media zum Wert Anerkennung. Es gibt keine signifikanten Änderungen gegenüber der Erhebung von vor zwei Jahren.

| | |
|---|---|
| Respekt vor Personen | 14 % |
| Soziale Anerkennung als Individuum allgemein | 7 % |
| Ablehnung von Personen allgemein | 5 % |
| Respekt erlernen* | 2 % |
| Sich selbst anerkennen | 2 % |

* neu aufgenommen. In Prozent aller codierten Beiträge des Wertes. Indiziert auf Basis der Summenwerte des Werte-Index 2012.

**6  DETAILERGEBNISSE: INSTITUTIONELLE ANERKENNUNG**

Das Thema der Anerkennung Geflüchteter prägt die Diskussion stärker als in der Vergangenheit.

| | |
|---|---|
| Politische Anerkennung/Ablehnung | 14 % ↗ 4 |
| Anerkennung von Entscheidungen/Urteilen/Resolutionen | 5 % |
| Anerkennung von Flüchtlingen/Asylbewerbern | 4 % |
| Anerkennung von Autorität/Hierarchie/Ämtern | 3 % |
| Institutionelle Anerkennung allgemein | 1 % |

In Prozent aller codierten Beiträge des Wertes; Pfeile kennzeichnen signifikante Veränderungen (Angabe in Prozentpunkten) gegenüber dem Werte-Index 2018. Indiziert auf Basis der Summenwerte des Werte-Index 2012.

Foto: deinjena.de

**„** ... wir sollten die entscheidungen der italienischen regierung respektieren, auch wenn wir ihnen inhaltlich nicht zustimmen.

... alle achtung vor dieser klaren haltung! **„**

## 7 INFLUENCER

Für Influencer sind die Anerkennung von Leistungen und die soziale Anerkennung ein viel häufiger diskutiertes Thema als für Nicht-Influencer. Bei denen stehen die „Institutionelle Anerkennung" und die Anerkennung von anderen gesellschaftlichen Gruppen stärker im Vordergrund.

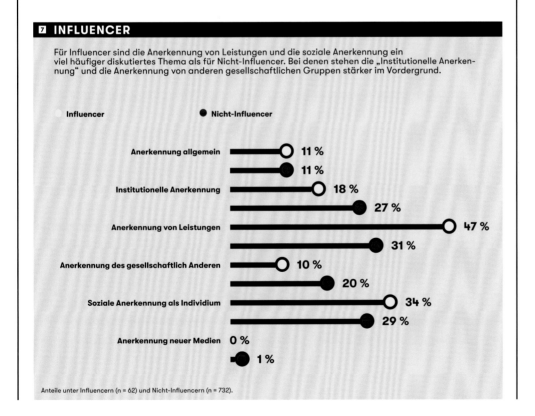

Anteile unter Influencern (n = 62) und Nicht-Influencern (n = 732).

# Unternehmens-implikationen ___

Kommunikationsstrategien, die zu stark auf einzelne Charakteristika ihrer Zielgruppe fokussieren, werden schnell anstrengend. Vielmehr geht es um glaubwürdig erzählte Geschichten. Und die sind manchmal auch unspektakulär, aber es ist umso leichter, sich mit ihnen zu identifzieren. **Daher gilt es, in der Kommunikation unterschiedliche Lebenswelten vor allem unaufgeregt zu zeigen.**

Anerkennung gibt es nicht nur gegen Leistung. **Wer seine Adressaten in ihrer Suche nach Anerkennung unterstützen möchte, muss auch Geschichten vom Nicht-leisten-Müssen und Nicht-funktionieren-Müssen erzählen.** Um Zuspruch zu gewinnen, ist es wichtig, einfühlsam alternativen Leistungen Gewicht zu geben und Individuen in ihrem einzigartigen Sein und Tun wertzuschätzen.

Vielfalt anerkennen bedeutet oft auch, einer breiten Palette an Bedürfnissen gegenüberzustehen. **Für Unternehmen gilt, den Anspruch aufzugeben, selbst alles am besten zu wissen.** Stattdessen werden potenzielle Kunden zum Mitgestalten eingeladen. Aber Achtung: Ein nachvollziehbarer und wertschätzender Umgang mit ihren Beiträgen soll dabei selbstverständlich sein.

Wer mit seinem Angebot zudem unter- beziehungsweise nicht repräsentierte (Ziel-) Gruppen ansprechen möchte, der sollte sich die kritische Frage stellen: **Wer hat welchen Zugang zu meinem Angebot?** Wie willkommen fühlen sich diese Gruppen bei unserer Marke? In weiterer Folge gilt es, die identifizierten Barrieren abzubauen und auf die Bedürfnisse der unüblichen Verdächtigen einzugehen.

Die Frage, wie mit Automatisierung und Digitalisierung umgegangen wird, ist keine der technischen Möglichkeiten, sondern eine der Unternehmensstrategien. **Ein klarer Standpunkt zum Wert und zur Wertschätzung menschlicher Arbeitskräfte und ihrer Leistungen wird früher oder später unabdinglich.** Wer vorn dabei sein will, fängt einfach schon mal an.

Viele persönliche und gesellschaftlich relevante Leistungen bleiben ungedankt, unentlohnt und ohne Wertschätzung. **Wer seine Mitarbeiter in ihrem ganzen Wesen anerkennen und ihr volles Potenzial ausschöpfen möchte, nimmt alternative Leistungsfaktoren in seine Bewertung auf.** Erfahrungen wie Erziehung, Pflege, Ehrenamt und interkulturelle Kompetenzen können neue Perspektiven auf den Berufsalltag und wertvolle Problemlösungsansätze bieten.

Fotos: blackzen.co; Lidl, Jigsaw; Pierdrei Hotel

**Für mehr Diversität und Inklusion im Wellnessbereich.** Der kostenfreie Online-Meditationskurs und Podcast **Black Zen** möchte soziale und finanzielle Barrieren für benachteiligte Ethnien abbauen und passt seine Inhalte an die alltäglichen Herausforderungen seiner Nutzer an. **Rina Jakubowicz** bietet Yoga-Kurse auf Spanisch an – da es trotz der großen hispanischen Community in ihrer Stadt keine gab. Nachdem sie von Yoga-Lehrern aufgrund ihres Körpergewichts ignoriert worden war, hat **Jessica Rihal** beschlossen, sich selbst auszubilden und zu unterrichten. –
www.blackzen.co
www.rinayoga.com
www.instagram.com/jessicajadeyoga

**Jugendliche und ihre Probleme anerkennen.** Lidl nimmt sich in Irland in Partnerschaft mit Jigsaw, dem irischen National Centre for Mental Health, dem seelischen Wohlbefinden von Jugendlichen an. **Jigsaw** setzt darauf, dass Jugendliche nicht nur Zeit und Raum für ihre Anliegen brauchen, sondern auch einfach jemanden, der zuhört. Dafür wurde eine Pop-up-Bäckerei entwickelt, die durch das Land tourt und einen Raum zum Zuhören und Diskutieren der Probleme der Jugendlichen bietet. –
www.cutt.ly/TheBakery

**Regionale Anerkennung.** Das **Pierdrei Hotel** will gleichermaßen ein Ort für Touristen und für Einheimische sein – so bekommen Anwohner vergünstigte Angebote in Restaurant und Bar, können die Hafenbühne für eigene Projekte nutzen oder im Dachgarten Pflanzen anbauen. Im Film „Nothing beats a Londoner" feiert **Nike** die Stadt gestaltende Jugend anhand von und mit 258 Geschichten echter junger Londoner. –
www.pierdrei-hotel.de
www.wklondon.com/work/nothing-beats-londoner/

# „Chancengleichheit für LGBT+ in der Arbeitswelt!"

Wie können Unternehmen ein ganzheitliches Diversity-Management betreiben? Die **UHLALA Group** setzt sich mit Projekten wie Jobmessen, Leadership-Netzwerken und einer eigenen Networking-App Proudr für LGBT+ in der Arbeitswelt ein. Im Interview erklärt CEO und Gründer der Gruppe **Stuart B. Cameron,** warum es so wichtig ist, Diversity-Management ganzheitlich zu denken, und welche Strategien es dazu gibt.

F... **Was ist die Motivation hinter UHLALA und Ihren Initiativen?** A... In der UHLALA Group wollen wir Lesben, Schwule, Bi und Trans* – kurz: LGBT+ – weltweit miteinander vernetzen, weiterbilden, fördern und mit Unternehmen und Organisationen zusammenbringen, die sich für sie einsetzen. Zudem unterstützen wir Arbeitgeber bei der Umsetzung ihres LGBT+-Diversity-Managements durch Events, Vorträge und Consulting. Das übergeordnete Ziel hinter allem, was wir tun, ist, Chancengleichheit für LGBT+ in der Arbeitswelt zu erreichen. Als wir vor zehn Jahren zum ersten Mal die Job- und Karrieremesse STICKS & STONES veranstalteten, waren die Themen Diversity und sexuelle Identität für viele Unternehmen noch ein Tabu. Nur acht Firmen nahmen an unserer ersten queeren Messe teil. Seitdem hat sich jedoch viel getan: In diesem Jahr waren allein auf unserer Berliner Messe über 100 Aussteller vertreten. Unser Wunsch ist, dass mehr als 500 Arbeitgeber in Deutschland so LGBT+-freundlich sind, dass wir sie mit unserem Arbeitgebersiegel PRIDE 500 auszeichnen können. Zudem wollen wir die Community mit unserer LGBT+-Business-&-Networking-App Proudr stärker beruflich miteinander vernetzen. Außerdem wünschen wir uns, dass in Zukunft in keinem Staat mehr Menschen aufgrund ihrer geschlechtlichen Identität und sexuellen Orientierung kriminalisiert werden.

F... **Mit welchen Problemen und Herausforderungen sind LGBT+-Mitarbeiter im Arbeitsalltag konfrontiert?** A... Aus Angst vor Diskriminierungen und einem Karriereknick sind zwei Drittel aller Lesben und Schwulen gegenüber ihren Kollegen und Vorgesetzten nicht geoutet. Das Geheimhalten der eigenen sexuellen Orientierung kostet sehr viel Energie. Zum Beispiel müssen Unternehmungen mit der eigenen Partnerin oder dem eigenen Partner vor den Kollegen verheimlicht werden. Ungeoutete Beschäftigte neigen dazu, solchen Gesprächssituationen aus dem Weg zu gehen und sich so gegenüber den anderen Angestellten zu isolieren. Zudem bekommen homosexuelle Mitarbeitende im Schnitt 16 Prozent weniger Gehalt als ihre heterosexuellen Kollegen und haben geringere Aufstiegschancen. Dazu kommt noch, dass es oft an Vorbildern für LGBT+ fehlt, insbesondere im Business-Bereich.

*Stuart B. Cameron* ist CEO und Gründer der UHLALA Group und setzt sich seit elf Jahren mit verschiedenen beruflichen Projekten für LGBT+ in der Arbeitswelt weltweit ein. Dabei macht er vor anderen Diversity-Facetten nicht halt, sondern hat vor sechs Jahren das PANDA Women Leadership Network mitgegründet, um ambitionierte Frauen zusammenzubringen, die sich persönlich und beruflich weiterentwickeln wollen.

www.uhlala.com

Fotos: Business Punk; Tyler Nix

**F...** **Was zeichnet Unternehmen aus, die sich für Ihr Arbeitgeber-Gütesiegel qualifizieren?** A... Um das PRIDE- 500-Arbeitgebersiegel zu erhalten, müssen sich die Unternehmen einem Audit unterziehen, welches ihre konkreten Maßnahmen im Diversity-Management beleuchtet. Gibt es Ansprechpersonen in den einzelnen Betrieben? Werden die Führungskräfte für das Thema LGBT+ sensibilisiert? Sind interne Regelungen festgeschrieben, die Diskriminierungen verhindern sollen? Diese Punkte müssen unter anderem in dem Audit nachgewiesen werden. Mindestens 55 Prozent muss ein Unternehmen erreichen, um ein Siegel zu erhalten. Je nach Punktezahl vergeben wir ein Bronze-, Silber- oder Goldsiegel. Mit der Siegelvergabe stellen wir sicher, dass sich die ausgezeichneten Unternehmen wirklich für ihre LGBT+-Beschäftigen einsetzen und kein sogenanntes Pinkwashing betreiben.

**F...** **Inwiefern profitieren Unternehmen von einem gelungenen Diversity-Management hinsichtlich der sexuellen Orientierung?** A... Von einem gelungenen LGBT+-Diversity-Management profitieren alle Beteiligten, und dies wirkt sich messbar auf die Mitarbeiterzufriedenheit von LGBT+ aus. Homo-, Bi- oder Transsexuelle müssen keine Benachteiligungen am Arbeitsplatz fürchten. Aber auch Frauen im Allgemeinen arbeiten lieber in einer Unternehmenskultur, die LGBT+ wertschätzt. Diese Unternehmen sind für arbeitssuchende LGBT+ interessanter, was wiederum einen Vorteil beim Recruiting von Fachkräften darstellt. Darüber hinaus können Unternehmen, die LGBT+-Diversity-Management betreiben, auch glaubhaft damit werben und LGBT+ als Kunden gewinnen. Als Ergebnis eines ganzheitlichen LGBT+-Diversity-Managements können Unternehmen Mitarbeiter binden, talentierte Arbeitnehmer gewinnen und ihren Umsatz steigern. Das trägt letztendlich zum Unternehmenserfolg als Ganzes bei.

**F...** **Wie gehen Sie selbst mit Vielfalt und Diversität in Ihren Projekten um?** A... Wir berücksichtigen bei unseren Projekten die Diversität unserer Community. Aber auch für uns ist es eine Herausforderung, unsere Angebote so zu gestalten, dass sich möglichst alle angesprochen fühlen. Bei nur acht Prozent lag der Frauenanteil auf der ersten STICKS & STONES im Jahr 2009. Durch konzeptionelle Änderungen konnten wir den Anteil zwischenzeitlich auf bis zu 49 Prozent steigern. Aber auch mit den anderen Diversity-Dimensionen wie ethnische Herkunft, Religion, Alter und Behinderung setzen wir uns im Team regelmäßig auseinander und versuchen, möglichst inklusive Angebote zu schaffen.

# „Unser Wunsch ist es, dass mehr als 500 Arbeitgeber in Deutschland so LGBT+-freundlich sind, dass wir sie mit unserem Arbeitgebersiegel PRIDE 500 auszeichnen können."

**Die Befriedigung des Bedürfnisses nach Gerechtigkeit übersteigt oft den Handlungsspielraum des Einzelnen.** User sehen daher in institutionellen Wegen den Schlüssel zu einer gerechteren Welt – notfalls wird wie bei den Themen Klima und Wohnen mobilisiert. **Auch**

# GERECHTIG

**von Unternehmen wird erwartet, dass sie sich in sozialpolitischen Fragen in ihrer Kommunikation ebenso wie in ihrer Unternehmenskultur klar positionieren.**

2020_Platz **9** Tendenz ↗ [ 2018_Platz 10 ]

KEIT

**Gerechtigkeit übersteigt den Handlungsspielraum des Einzelnen.**

In einer sich polarisierenden Gesellschaft erhält die Diskussion um Gerechtigkeit für immer mehr Menschen neue und unangenehm konkrete Relevanz. Das zeigt sich etwa bei der Frage nach dem Recht auf ein Dach über dem Kopf. Mit der rasanten Zunahme der Mietpreise betrifft das Problem, sich die eigenen vier Wände leisten zu können, nicht nur Rentner und andere niedrige Einkommensschichten, sondern zunehmend auch die jüngere Mittelschicht. Diesen Entwicklungen steht der Einzelne machtlos gegenüber. Gerechtigkeit hat immer schon den individuellen Spielraum gesprengt. Aber: Immer mehr Menschen fühlen sich von gesellschaftlichen Ungerechtigkeiten betroffen. Und die Politik scheint weder einen Plan noch adäquate Strategien dagegen parat zu haben.

**Der Wunsch nach Gerechtigkeit eint und mobilisiert.**

Wo sich der Einzelne ohnmächtig fühlt, bekommen die Prinzipien Selbstorganisation und Gemeinschaft mehr Gewicht. Die Fridays-for-Future-Demonstrationen zeigen, dass sich auch immer jüngere Menschen politisch für „Klimagerechtigkeit" und damit die Chance auf eine Zukunft mit lebenswerter Umwelt engagieren. Selbst radikale Maßnahmen werden aufgrund des hohen Leidensdrucks in Erwägung gezogen. Davon zeugen Initiativen wie die Extinction Rebellion, die auf zivilen Ungehorsam setzt, oder der große Zulauf zum Antrag auf ein Volksbegehren in Berlin, das auf eine Enteignung als Mittel gegen die rasante Mietpreissteigerung setzt.

**Digitalisierung als Treiber von Ungerechtigkeiten.**

Die Frage der Gerechtigkeit wird auch im Alltag komplexer. Algorithmen und Plattformen skalieren nicht nur Effizienz und Wirtschaftlichkeit, sondern verstärken auch bestehende Ungerechtigkeiten, anstatt sie zu beheben. Lawrence Lessig, Rechtsprofessor und Internetpionier, hat bereits vor 20 Jahren die These „Code is Law" aufgestellt und damit beschrieben, wie stark ein Programmiercode unsere Realität mitgestaltet. Heute arbeitet er daran, wie sich in virtuellen Welten neue selbst organisierte Formen von Gerechtigkeit entwickeln können (siehe Interview auf Seite 124). Tatsächlich scheint sich sogar im Silicon Valley ein breiteres Bewusstsein für die sozialen Auswirkungen von Technologien zu entwickeln, wie es jüngst etwa der israelische Historiker Yuval Harari einforderte.

Foto vorherige Seite: Sybill Schneider

### Unternehmen als neue politische Leitfiguren?

Unternehmen meiden in der Regel Stellungnamen, um keine Kunden zu verlieren. Aber: Auch von Unternehmen werden Lösungen oder zumindest ein Standpunkt zu gesellschaftlichen Fragen erwartet. Marketing darf, kann und soll mutiger, politischer und sozialkritischer werden: „Woke Marketing" ist ein Ansatz, bei dem Unternehmen Stellung zu gesellschaftlichen Fragen beziehen und damit ein klares Bekenntnis ihrer Werte abgeben. Bekanntestes Beispiel dafür ist die Nike-Kampagne mit dem Footballer Colin Kaepernick. Ein solcher Ansatz muss verständlicherweise über bloße Kommunikationsmaßnahmen hinausgehen. Authentisch gelingt die Positionierung mit sozialkritischer Message nur mit einer Reflexion der eigenen Unternehmenskultur, Werte und Praxis – und natürlich über den Austausch und Dialog mit Stakeholdern und Betroffenen. Der Lohn: deren Loyalität und Vertrauen.

**1 THEMENSCHWERPUNKTE**

Allgemeine Auseinandersetzungen mit Gerechtigkeit nehmen leicht zu, während Äußerungen zum persönlichen Gerechtigkeitsempfinden und zur Gerechtigkeit in der Politik abnehmen.

| | |
|---|---|
| Definition: Gerechtigkeit und Fairness | 47 % ↗ 5 |
| Ausdruck eigenen Gerechtigkeitsempfindens | 35 % ↘ -3 |
| Mittel zur Wiederherstellung von Gerechtigkeit | 25 % |
| Manifestationen von Ungerechtigkeit | 12 % |
| Gerechtigkeit und Fairness in der Politik | 11 % ↘ -4 |
| Opfer ungerechter Behandlung | 10 % |

In Prozent aller codierten Beiträge des Wertes; Pfeile kennzeichnen signifikante Veränderungen (Angabe in Prozentpunkten) gegenüber dem Werte-Index 2018. Nettozählungen: Sofern in einem Beitrag mehrere Nennungen desselben Schwerpunktes vorlagen, wurde dieser nur einfach gezählt. Indiziert auf Basis der Summenwerte des Werte-Index von 2012.

**2 TONALITÄT DER BEITRÄGE**

Allgemeine Auseinandersetzungen mit Gerechtigkeit und die Einforderung von Gerechtigkeit sind überwiegend von neutraler Tonalität, während Opfer und Ausdrucksformen von Ungerechtigkeit häufiger negativ diskutiert werden.

| | positiv | neutral | negativ |
|---|---|---|---|
| Definition: Gerechtigkeit und Fairness | | 78 | 18 |
| Ausdruck eigenen Gerechtigkeitsempfindens | | 73 | 24 |
| Opfer ungerechter Behandlung | | 65 | 33 |
| Manifestation von Ungerechtigkeit | | 63 | 37 |
| Mittel zur Wiederherstellung von Gerechtigkeit | | 75 | 20 |
| Gerechtigkeit und Fairness in der Politik | | 61 | 34 |
| Gesamt | | 73 | 24 |

Zeilenprozente ■ positiv ▨ neutral ☐ negativ

**3 THEMENPROFIL**

Social-Media-Beiträge zum Thema Gerechtigkeit sind immer stärker politisch ausgerichtet. Kulturelle Themen sind rückläufig.

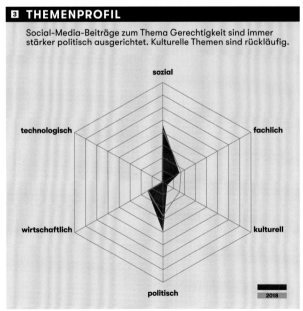

sozial — fachlich — kulturell — politisch — wirtschaftlich — technologisch

2018

# Institutionen sollen für mehr Gerechtigkeit sorgen.

### Vom Persönlichen zum Prinzipiellen.

In der aktuellen Erhebung steigt der Wert Gerechtigkeit um einen Platz auf und nimmt somit den neunten Rang ein. Im Vergleich zum Werte-Index 2018 zeigt sich innerhalb des Werts eine Fortsetzung der damaligen Entwicklung: Der Fokus der Diskussion bewegt sich weiterhin weg vom ganz Persönlichen hin zu einer abstrakteren Definition von Gerechtigkeit und Fairness. Der Anteil der diesbezüglichen Beiträge stieg von 42 auf 47 Prozent (vgl. Abbildung 1). Hingegen wird das persönliche Gerechtigkeitsempfinden ("Ausdruck eigenen Gerechtigkeitsempfindens") mit 35 Prozent weniger häufig diskutiert. Im Unterschied zur vorangegangenen Untersuchung wird "Gerechtigkeit und Fairness in der Politik" weniger zur Sprache gebracht und nähert sich mit 11 Prozent wieder dem Niveau des Werte-Index 2014 an. In der Tonalität überwiegen wie im Werte-Index 2018 die neutralen Beiträge – insbesondere, wenn diese fachlich ausgerichtet sind. Politische und wirtschaftliche Beiträge fallen in ihrer Bewertung hingegen häufiger negativ aus. Auffällig ist, dass der Anteil negativer Beiträge im Vergleich zu anderen Werten hoch ist und der vergleichsweise sehr kleine Anteil positiver Beiträge über die Jahre weiter auf nun mehr bloß 3 Prozent gesunken ist. Das spiegelt auch die Tendenz wider, dass Gerechtigkeit vor allem darüber definiert wird, was ungerecht ist – jedoch nicht, wie Gerechtigkeit selbst aussieht, und nur selten wird von der Erfahrung von Gerechtigkeit berichtet.

In einer gerechten Welt würde eine Altenpflegerin genauso viel Lohn erhalten wie ein Bundesligaprofi.

Barbara.

Instagram ist nicht nur Wohlfühl-Medium: Das zeigt sich beim Wert Gerechtigkeit. Hier erhalten die beliebten Sinnsprüche und Zitate eine politische Note.

### Wir gegen die da oben.

Die Kategorie "Definition: Gerechtigkeit und Fairness" wird wie im Werte-Index 2018 am stärksten diskutiert. Annähernd die Hälfte der Beiträge zum Wert Gerechtigkeit befasst sich mit einer solchen Definition. Der Blick in die Detailergebnisse (vgl. Abbildung 4) zeigt: Der ehemalige Dauerbrenner "Fairness im Sport", und hier vor allem Fair Play, ist auf dem Rückzug. Der Anteil nahm von 15 auf 8 Prozent ab. Auch der Anteil der Beiträge der Unterkategorie "Kulturelle Definition von Gerechtigkeit" verringerte sich von 8 auf 3 Prozent. Wie in der vorangegangenen Untersuchung stellen User in ihren Beiträgen rund um die kulturelle Definition von Gerechtigkeit häufig Bezüge zu Religionen her. Signifikant häufi-

Fotos: Ich bin Barbara (li); teamvegan.shop (re.)

ger wird definiert, was soziale Gerechtigkeit ist oder eben auch nicht ist. Hier stieg der Anteil um 10 Prozentpunkte. Auffällig bei der Sichtung der Beiträge zur sozialen Gerechtigkeit ist, dass diese von den Usern nicht nur vermisst wird, sondern sie sich häufig vom Verständnis dieser Thematik von politischen Parteien abgrenzen. Die Einforderung selbst bleibt oft jedoch recht allgemein.

### Bessere Gesetze und gerechtere Entlohnung.

Während im Werte-Index 2018 die User in fairen Produktionsbedingungen und Wirtschaftsbeziehungen den Schlüssel zu einer gerechteren Welt sahen, schafft es in der aktuellen Untersuchung die Unterkategorie „Gesetze/Gerichte bemühen" mit 9 Prozent der Postings auf den ersten Platz der Kategorie „Mittel zur Wiederherstellung der Gerechtigkeit" (vgl. Abbildung 6). Was genau eine „bessere" Gesetzgebung ist, darüber scheiden sich die Geister. „Gleiche Bezahlung", eine Unterkategorie, die um 3 Prozentpunkte steigt, gehört auf jeden Fall dazu. Hier bewegt vor allem die Diskussion rund um eine angemessenere Entlohnung von Pflegekräften die Gemüter. Leichter fällt den Usern, die „Manifestation von Ungerechtigkeit" zu beschreiben.

In dieser Diskussion wird neben Chancengleichheit und dem unsicheren Generationenvertrag hinsichtlich Rente und Klimaschutz vor allem die Steuerpolitik angesprochen. Darunter auch die Wahrnehmung, dass sehr wohlhabende Akteure zu wenig Steuern bezahlen. Diskutiert werden u. a. Einkommens-, Erbschafts-, $CO_2$- und Kerosinsteuer sowie die Besteuerung großer internationaler Konzerne.

Gerechtigkeit heißt auch Klimagerechtigkeit – und gemeinsam mit den Fridays-for-Future-Aktivisten auf die Straße zu gehen.

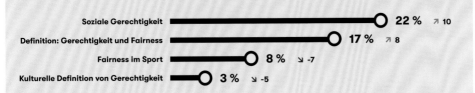

**6 DETAILERGEBNISSE: DEFINITION: GERECHTIGKEIT UND FAIRNESS**

Gerechtigkeitsäußerungen scheinen sich zu generalisieren: Konkrete Bezüge, wie z. B. auf Sport oder Kultur, stehen weniger im Vordergrund, während allgemeine Kategorien gewinnen.

| | |
|---|---|
| Soziale Gerechtigkeit | 22 % ↗ 10 |
| Definition: Gerechtigkeit und Fairness | 17 % ↗ 8 |
| Fairness im Sport | 8 % ↘ -7 |
| Kulturelle Definition von Gerechtigkeit | 3 % ↘ -5 |

In Prozent aller codierten Beiträge des Wertes; Pfeile kennzeichnen signifikante Veränderungen (Angabe in Prozentpunkten) gegenüber dem Werte-Index 2018. Indiziert auf Basis der Summenwerte des Werte-Index von 2012.

Für Gerechtigkeit
demonstrieren auch die
Landwirte.

## Mediale Schwerpunkte.

Die Auswertung der Themenschwerpunkte nach Medien zeigt, dass User mit wenigen Worten definieren, was gerecht oder ungerecht ist. So werden die persönlichen Erfahrungen mit Gerechtigkeit – oder eher: Ungerechtigkeit – häufiger auf Twitter geteilt. Außerdem zeigt sich ein Unterschied zwischen den Generationen im Diskussionsverhalten (vgl. Abbildung 7): Vertreter der Generation Y bringen häufiger ihr eigenes Gerechtigkeitsempfinden zum Ausdruck, während sie in den meisten anderen Kategorien sich ähnlich verhalten wie ältere User.

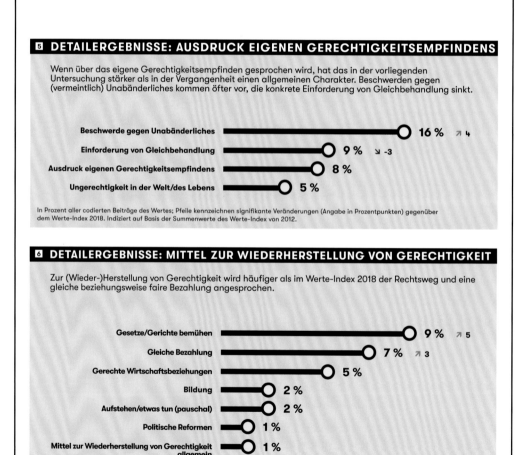

**5 DETAILERGEBNISSE: AUSDRUCK EIGENEN GERECHTIGKEITSEMPFINDENS**

Wenn über das eigene Gerechtigkeitsempfinden gesprochen wird, hat das in der vorliegenden Untersuchung stärker als in der Vergangenheit einen allgemeinen Charakter. Beschwerden gegen (vermeintlich) Unabänderliches kommen öfter vor, die konkrete Einforderung von Gleichbehandlung sinkt.

| | |
|---|---|
| Beschwerde gegen Unabänderliches | 16 % ↗ 4 |
| Einforderung von Gleichbehandlung | 9 % ↘ -3 |
| Ausdruck eigenen Gerechtigkeitsempfindens | 8 % |
| Ungerechtigkeit in der Welt/des Lebens | 5 % |

In Prozent aller codierten Beiträge des Wertes; Pfeile kennzeichnen signifikante Veränderungen (Angabe in Prozentpunkten) gegenüber dem Werte-Index 2018. Indiziert auf Basis der Summenwerte des Werte-Index von 2012.

**6 DETAILERGEBNISSE: MITTEL ZUR WIEDERHERSTELLUNG VON GERECHTIGKEIT**

Zur (Wieder-)Herstellung von Gerechtigkeit wird häufiger als im Werte-Index 2018 der Rechtsweg und eine gleiche beziehungsweise faire Bezahlung angesprochen.

| | |
|---|---|
| Gesetze/Gerichte bemühen | 9 % ↗ 5 |
| Gleiche Bezahlung | 7 % ↗ 3 |
| Gerechte Wirtschaftsbeziehungen | 5 % |
| Bildung | 2 % |
| Aufstehen/etwas tun (pauschal) | 2 % |
| Politische Reformen | 1 % |
| Mittel zur Wiederherstellung von Gerechtigkeit allgemein | 1 % |

In Prozent aller codierten Beiträge des Wertes; Pfeile kennzeichnen signifikante Veränderungen (Angabe in Prozentpunkten) gegenüber dem Werte-Index 2018. Indiziert auf Basis der Summenwerte des Werte-Index von 2012.

**,,** ... die politik ist auch dazu da, die wirtschaft zu regulieren, damit sie so allen dient – nicht bloß wenigen sehr reichen.

... gerecht wäre es, wenn pflege-kräfte politikergehälter bekämen und umgekehrt.

... sich in seinen kommentaren um sachlichkeit zu bemühen gebietet die fairness. **,,**

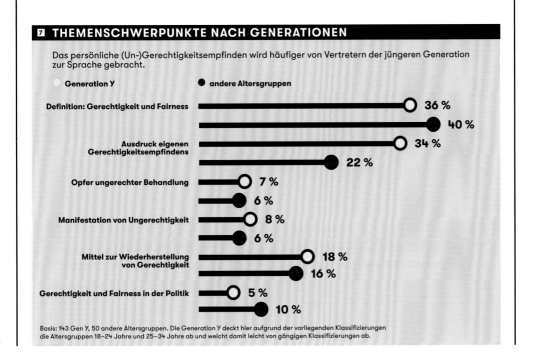

**7 THEMENSCHWERPUNKTE NACH GENERATIONEN**

Das persönliche (Un-)Gerechtigkeitsempfinden wird häufiger von Vertretern der jüngeren Generation zur Sprache gebracht.

○ Generation Y          ● andere Altersgruppen

Definition: Gerechtigkeit und Fairness — ○ 36 %
— ● 40 %

Ausdruck eigenen Gerechtigkeitsempfindens — ○ 34 %
— ● 22 %

Opfer ungerechter Behandlung — ○ 7 %
— ● 6 %

Manifestation von Ungerechtigkeit — ○ 8 %
— ● 6 %

Mittel zur Wiederherstellung von Gerechtigkeit — ○ 18 %
— ● 16 %

Gerechtigkeit und Fairness in der Politik — ○ 5 %
— ● 10 %

Basis: 143 Gen Y, 50 andere Altersgruppen. Die Generation Y deckt hier aufgrund der vorliegenden Klassifizierungen die Altersgruppen 18–24 Jahre und 25–34 Jahre ab und weicht damit leicht von gängigen Klassifizierungen ab.

# Unternehmens-implikationen ___

**Für Unternehmen gilt es, ihre Werte und gelebte Kultur im Spiegel gesell-schaftspolitischer Fragestellungen kritisch zu hinterfragen.** Diese Reflexion an sich und die Ergebnisse des Prozesses können im Rahmen einer Positionierung als politische Leitfigur kommuniziert werden. Dass es hierbei nicht zwangsläufig um Themen gehen muss, die unmittelbar mit ihren Produkten und Dienstleistungen in Verbindung stehen, zeigen unter anderem die Burger-King-Kampagnen zur Netzneutralität oder psychischer Gesundheit. **Hier kann selbstbewusst Mut zum Prinzipiellen gezeigt werden.**

**Wer noch mehr Courage zeigen möchte, bezieht auch in Bezug zur eigenen Branche klar Position.** So können die auf die gesellschaftspolitischen Fragestellungen eine Lösung anbietenden eigenen Produkte, Dienstleistungen und die Unternehmensorganisation als Beitrag zu einer gerechteren Welt nach außen getragen werden – ganz im Gegensatz zur Konkurrenz.

Technologien reproduzieren gesellschaftliche Ungleichheiten. **Um dem entgegenzuwirken, gilt es für Unternehmen, eingesetzte Prozesse und Technologien darauf zu überprüfen, inwiefern sie soziale Ungerechtigkeiten verstärken –** wie zum Beispiel auch Algorithmen im Recruiting.

**Gleichermaßen wichtig ist es, die eigene Angebotsstruktur auf den Prüfstand zu stellen und zu hinterfragen, inwiefern ungleiche Behandlung Gerechtigkeit oder Chancengleichheit dienen.** So sollten treue Stammkunden gegenüber Neukunden nicht das Nachsehen haben. Sozial Benachteiligte können durch dynamisches Pricing jedoch gefördert werden.

**Gerechtigkeit und Chancengleichheit müssen in allen Bereichen der Unternehmenskultur gelebt werden.** Nur so gelingt die Positionierung als Unternehmen mit Problemlösungskompetenz für sozialpolitische Fragestellungen authentisch. Konkrete Maßnahmen sind hier transparente Gehälter und Tools aus dem Diversity-Management wie die Förderung von benachteiligten Mitarbeitern durch spezifische Career-Tracks.

Fotos: Markus Spiske on Unsplash; Shades Tours; Always

**Gegen diskriminierende KI.** Dass populäre Anwendungen bereits in der Programmierung eine klare Diskriminierung hinsichtlich des Geschlechts oder der Hautfarbe von Menschen aufweisen, zeigt eine Studie der **Algorithmic Justice League**. Lanciert wurde die Plattform, um die Voreingenommenheit von KI-Programmen in der Gesichtserkennung zu untersuchen und zu bekämpfen. Auf der Website kann jeder fehlerhafte Software melden und sich als Tester von intelligenten Systemen beteiligen. Zusätzlich werden Verfahren zur Rechenschaftspflicht von codierten Systemen entwickelt. – www.ajlunited.org

**In andere Lebenswelten eintauchen. Unseen Tours** bietet von Obdachlosen geleitete Stadtführungen durch London an – Touristen lernen so nicht nur die Attraktionen kennen, sondern erfahren auch mehr über das Leben der Obdachlosen. Auf ähnliche Art bauen **SHADES TOURS** Berührungsängste ab und geben den Guides die Chance, ein geregeltes Einkommen zu erzielen. Da diese Stadtführungen durch Wien so gut ankamen, werden Touren und Aktivitäten zu weiteren gesellschaftlich polarisierenden Themen wie „Flucht & Integration" und „Sucht & Drogen" angeboten – auch in Graz. – www.sockmobevents.org.uk www.shades-tours.com

What does it mean to do things #LikeAGirl?

always

**Themen, die uns alle betreffen, diskutieren.** Mit „Woke Marketing" beziehen Unternehmen und Marken nicht nur einen Standpunkt bei gesellschaftlichen und politischen Themen, sie sorgen vor allem auch für Gesprächsstoff. Prominentestes Beispiel dafür ist sicher **Nike** mit der Kampagne, die den US-amerikanischen Footballspieler und politischen Aktivisten Colin Kaepernick nach seinem Ausschluss von der NFL groß aufs Plakat brachte. Aber auch **Burger King** machte mit einer Kampagne zum – nicht gerade unkomplexen – Thema Netzneutralität von sich reden. **Gillette** stellte die Frage danach, was nach #MeToo das Beste im Mann bedeutet. Und **Always** fragt, was es heißt, Dinge #LikeAGirl zu machen. – www.bk.com www.gillette.com www.always.com

# „Fairness wird ein Output sein. Kein Input."

Seed ist ein Online-Spiel und eine virtuelle Welt, die ihren Spielern erlaubt, ihr eigenes Wirtschaftssystem zu entwickeln, zu steuern und daran teilzuhaben. Basierend auf Künstlicher Intelligenz, besitzt der Avatar des Spielers seine eigenen Wünsche und Bedürfnisse. Im Lauf des Spiels entwickeln die Spieler ihre eigenen Gesellschaftssysteme. In diesem Sinn exploriert Seed, wie menschliche Gesellschaften funktionieren. **Professor Lawrence Lessig,** bekannt für seine Pionierarbeit im Bereich Recht und Cyberspace, war daran beteiligt, das Regelwerk für die Simulation zu erstellen.

F... **Herr Lessig, Sie haben am politischen Regelwerk von Seed mitgearbeitet. Was war Ihre Motivation dafür?** A... Ich habe mich schon eine lange Zeit damit beschäftigt, dass Rechtsetzung [Anm.: „regulation" im englischen Original] ein Zusammenwirken von Gesetzen, Normen, Technologie und dem Markt ist. Als ich mit Mundi [Mundi Vondi; CEO und Co-Founder von Klang Games], dem Gründer von Seed, gesprochen habe, dachte ich, das wäre eine großartige Gelegenheit, darüber nachzudenken, wie ein solches Modell uns dabei helfen könnte, die Führung von Staaten in einer virtuellen Welt umzusetzen. So haben unsere Gespräche begonnen.

**Lawrence Lessig** ist Professor für Recht und Leadership an der Harvard Law School. Davor war Lessig Professor an der Stanford Law School, wo er das Center for Internet and Society gegründet hat, sowie an der University of Chicago.

www.lessig.org

F... **Wie sind Sie an das Projekt herangegangen?** A... Ich habe über dieses Thema bereits vor 20 Jahren nachgedacht, als ich mein Buch „Code and Other Laws of Cyberspace" geschrieben habe. Die entscheidende Frage ist: Welches Framework brauchen wir, um zu verstehen, wie die Welt und das Internet gesteuert werden? Ein essenzieller Schritt bei der Beantwortung dieser Frage ist, zu erkennen, wie unterschiedliche Faktoren Menschen unterschiedlich kontrollieren oder steuern. Zum Beispiel steuern Gesetze, indem sie sagen: „Mach X, und wenn du das nicht machst, wird der Staat dich bestrafen." Normen regulieren, indem sie sagen: „Mach X, und wenn nicht, werden dich andere Menschen bestrafen oder dich dafür verantwortlich machen." Märkte regulieren, indem sie die Bedingungen für den Zugang zu und den Verkauf von Ressourcen wie Zeit, Arbeit oder Gütern stellen. Und Architektur tut das, indem sie eine physische Realität produziert, die Einschränkungen vorgibt.

Diese Unterschiede zu betrachten und die unterschiedlichen Weisen, wie sie unterschiedliche Menschen beschränken oder ermächtigen, hat mich dazu geführt, zu überlegen, wie sie aufeinander- und zusammenwirken. Und ich begann, Recht- oder Regelsetzung als die Erarbeitung eines Plans über dieses Zusammenwirken zu denken. Das ist schwer, wenn man es auf einer abstrakten Ebene belässt oder einfach nur darüber nachdenkt.

Viel wirkungsvoller ist es, wenn Sie dafür eine Umgebung haben, in der Sie das tatsächlich nachbauen und modellieren können. Und die Umgebung des Spiels hat versprochen, genau das zur Verfügung zu stellen. Und darum habe ich über dieses Thema im Zusammenhang mit dem Projekt Seed zu überlegen begonnen.

F... **Welche Rolle spielt Gerechtigkeit im System von Seed?** A... Gleichheit, Fairness, Gerechtigkeit – sie alle werden ein Output sein. Kein Input. Die Spieler werden entscheiden, welche Art von Siedlung oder Wohnort sie haben wollen, und werden dieser Entscheidung entsprechend handeln. Aber die Entscheidung wird offen innerhalb eines bestimmten Spektrums an Möglichkeiten sein. Und Entscheidungen werden sich sehr darin unterscheiden, welche Werte ihre Spieler vertreten. Spieler werden sich für einen bestimmten Modus politischer Steuerung mit einer bestimmten Verfassung dahinter entscheiden. Unsere Erwartung ist, dass sich im Lauf der Zeit eine Handvoll von Modellen politischer Führung herauskristallisieren werden, die am besten funktionieren. Es wird sehr interessant sein, das herauszufinden. Dabei wollen wir so viel Freiheit wie möglich gewährleisten. Aber es ist wichtig, ganz klar zu sagen: Seed befindet sich in der Entwicklung. Wir sind noch nicht so weit, die Infrastruktur der politischen Steuerung zu bauen. Die Alpha-Version wird in ein paar Monaten erscheinen.

F... **Dieses Spiel scheint ein gutes Tool zu sein, um über Politik zu lernen.** A... Wir hatten Brainstorming-Sessions darüber, wie die Zukunft aussehen könnte. Sie können sich vorstellen, dass Spieler als Governors über sehr große Siedlungsgebiete regieren. Das ist fast wie ein „Avatar-Training" dafür, Bürgermeister einer kleinen Stadt zu sein. Die andere Sache ist, dass Seed beginnt, die gleichen Qualitäten zu vermitteln, die auch die politischen Systeme in der realen Welt vermitteln. Mit Seed können wir das in einer Umgebung tun, die viel präziser ist in ihrer Fähigkeit, Erfolg zu messen.
Ich freue mich auch, dass man sich für Seed dazu entschlossen hat, Daten und Prozesse öffentlich zu machen, sodass auch andere Menschen daran forschen können, was funktioniert. Und ich freue mich, dass sich das Projekt in eine Richtung entwickelt, in der viele Menschen darüber nachdenken können, wie sie diese Themen in ihrer eigenen Welt umsetzen. Es ist noch früh. Aber ich habe das Gefühl, dass wir an etwas Großem dran sind.

**„Mit welchem Framework verstehen wir, wie die Welt und das Internet gesteuert und reguliert werden?"**

**Die Zukunft unserer Gesellschaft ist untrenn-
bar von der Zukunft unserer Ökosysteme
abhängig. Richtig einzukaufen reicht nicht.**
Politische Maßnahmen sind notwendig und
werden ernsthafter denn je diskutiert. **Es geht
nicht mehr um Schadensbegrenzung, sondern**

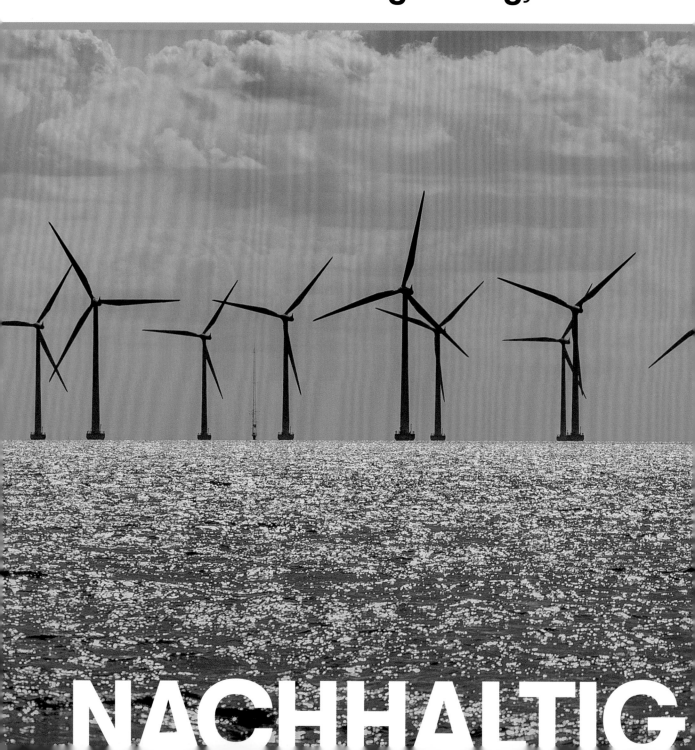

NACHHALTIG

**darum, aktiv unsere Welt zu verbessern. Dieser Anspruch erreicht auch immer stärker Unternehmen.**

2020_Platz (10) Tendenz ↘ [2018_Platz 9]

KEIT

### Verantwortung liegt nicht mehr beim Einzelnen.

Vor wenigen Jahren noch galt „Ethischer Konsum" als das Maß aller Dinge, wenn es um Nachhaltigkeit ging. Heute geht es darum, das Konsum- und Verbrauchsverhalten an sich zu verändern: weniger kaufen, weniger wegwerfen, mehr wiederverwenden. Wir verzichten auf Plastiktüten, wir ploggen, wir fühlen so etwas wie Flugscham. Die Konsumenten haben an ihrer Stellschraube im Systemwandel in den vergangenen Jahren bereits kräftig gedreht. Jetzt braucht es Politiker und Unternehmensentscheider, die im wahrsten Sinn des Wortes nachziehen müssen. Mit ihren Forderungen an diese Adresse vermag auch die Fridays-for-Future-Bewegung erfolgreich zu mobilisieren.

### Nachhaltigkeit weckt hohe Erwartungen.

Wenn 11.000 Wissenschafter aus über 150 Ländern den „Klimanotstand" ausrufen, kann deren Stimme immer weniger überhört werden. In der öffentlichen Diskussion sind ökopolitische Maßnahmen wie $CO_2$-Steuern und Kerosinabgaben innerhalb von wenigen Monaten salonfähig geworden. Dass gute Lösungen ganzheitliche Ansätze verfolgen, kommt immer mehr im Mainstream an. Die Strategien, das Problem an Technologie, Gott oder ganz allgemein die anderen auszulagern, funktionieren selbst für „Öko-Muffel" immer weniger. Die Sustainable Development Goals (SDGs), auf die sich alle Staaten der Vereinten Nationen geeinigt haben, entwickeln sich zum ernst genommenen und ernst zu nehmenden Standard, an dem sich Politik und Unternehmen messen lassen müssen. Dabei zeigt sich eine klare Tendenz: Wir haben uns von dem Anspruch des „Do no harm" verabschiedet und folgen heute einem „Do better". Es reicht nicht, nicht zu schaden, sondern es geht darum, die Welt aktiv zu verbessern.

### Veränderung erfordert ganz neue Ansätze.

Der Begriff des „Wachstums" erhält dabei eine neue Konnotation. Neben klassischen Wachstumsbegriffen, wie Umsatz, Gewinn, Marktanteil oder Mitarbeiter, bestimmen Unternehmen ihre Erfolgskriterien zunehmend selbst. Die Postwachstumsökonomen haben dafür den Horizont entscheidend erweitert (siehe dazu auch Interview mit André Reichel auf Seite 136). Alternative Zertifizierungsverbände wie b corp (siehe Interview mit Hubertine Roessingh, Werte-Index 2016, S. 128) oder die Gemeinwohlökonomie definieren Wachstumsfelder

Foto vorherige Seite: shutterstock

wie soziale Gerechtigkeit und Ökologie, auf denen es zu reüssieren gilt. Andere Unternehmen entwickeln ihre eigene „Theory of Change", mit der sie transparent machen, welchen Beitrag sie zur gesellschaftlichen Entwicklung oder zu einem bestimmten SDG leisten und wie dieser wirkt.

## Für Unternehmen gilt: alles außer business as usual

Für Unternehmen bedeutet das, dass sie von Konsumenten wie vom Gesetzgeber zunehmend an ihrem Beitrag zum gesellschaftlichen Wohl und zum Erhalt des Planeten gemessen werden. Das Gute dabei: Es gab noch nie eine so breite Palette an Methoden, Konzepten und konkreten Dienstleistern, die bei dieser Herausforderung helfen. Das Schöne daran: Die gleichen Treiber, die uns den ethischen Konsum versüßen – das gute Gefühl, etwas Richtiges und Wichtiges zu tun, und die besseren Vibes –, wirken auch in das Unternehmen hinein. Und das wissen vor allem die Talente der jüngeren Generationen zu schätzen.

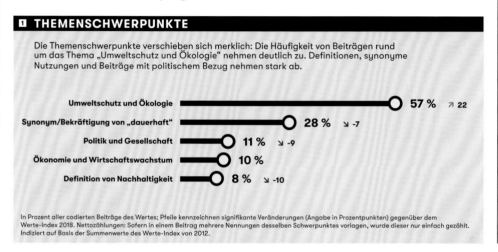

**1 THEMENSCHWERPUNKTE**

Die Themenschwerpunkte verschieben sich merklich: Die Häufigkeit von Beiträgen rund um das Thema „Umweltschutz und Ökologie" nehmen deutlich zu. Definitionen, synonyme Nutzungen und Beiträge mit politischem Bezug nehmen stark ab.

Umweltschutz und Ökologie — 57 % ↗ 22
Synonym/Bekräftigung von „dauerhaft" — 28 % ↘ -7
Politik und Gesellschaft — 11 % ↘ -9
Ökonomie und Wirtschaftswachstum — 10 %
Definition von Nachhaltigkeit — 8 % ↘ -10

In Prozent aller codierten Beiträge des Wertes; Pfeile kennzeichnen signifikante Veränderungen (Angabe in Prozentpunkten) gegenüber dem Werte-Index 2018. Nettozählungen: Sofern in einem Beitrag mehrere Nennungen desselben Schwerpunktes vorlagen, wurde dieser nur einfach gezählt. Indiziert auf Basis der Summenwerte des Werte-Index von 2012.

**2 TONALITÄT DER BEITRÄGE**

Die überwiegende Tonalität aller Themen ist neutral. Synonyme Nutzungen des Begriffs und Beiträge zum Umweltschutz sind etwas häufiger negativ.

**Definition von Nachhaltigkeit**
87 — 11

**Synonym/Bekräftigung von „dauerhaft"**
77 — 18

**Umweltschutz und Ökologie**
78 — 17

**Ökonomie und Wirtschaftswachstum**
87 — 7

**Politik und Gesellschaft**
87 — 12

**Gesamt**
81 — 15

Zeilenprozente ■ positiv ▨ neutral negativ

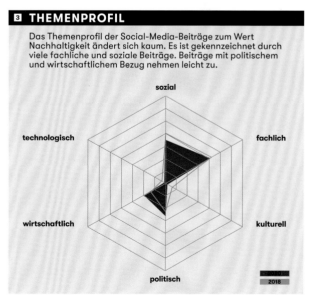

**3 THEMENPROFIL**

Das Themenprofil der Social-Media-Beiträge zum Wert Nachhaltigkeit ändert sich kaum. Es ist gekennzeichnet durch viele fachliche und soziale Beiträge. Beiträge mit politischem und wirtschaftlichem Bezug nehmen leicht zu.

sozial
technologisch
fachlich
wirtschaftlich
kulturell
politisch
2018

### Nachhaltigkeit ist eindeutig ökologisch.

Der Wert Nachhaltigkeit hält sich seit seinem Eintritt in die Top Ten des Werte-Index-Rankings stabil auf den hinteren Plätzen. Umso mehr Veränderung zeigt sich innerhalb der Diskussion rund um den Wert. Dabei gewinnt der Wert Nachhaltigkeit an Eindeutigkeit: Wurde der Wert in der Vergangenheit mit den unterschiedlichsten Themen in seiner Bedeutung als „dauerhafte Veränderung" in Verbindung gebracht (siehe weiter unten), dreht sich die aktuelle Diskussion eindeutig um die Themen Umweltschutz und Ökologie: Mit 57 Prozent der Beiträge – das sind 22 Prozentpunkte mehr als in der Studie 2018 – ist der Umweltschutz nun eindeutig am stärksten vertreten (vgl. Abbildung 1). Dieser Boom ist auf einen Anstieg in gleich vier Kategorien zurückzuführen (vgl. Abbildung 4). Vor allem der sparsame Umgang mit Ressourcen ist vielen Usern – konkret: jedem fünften – einen Gesprächsbeitrag wert (vor zwei Jahren war es rund jeder achte). Dabei wird typischerweise auf den eigenen Lebensstil eingegangen, in dem auf weniger Konsum, umweltfreundliche Mobilität und fleischarme oder -lose Ernährung geachtet wird. Der Gesprächsanteil rund um die Themen $CO_2$, Energiekonzepte und Klimaschutz liegt aktuell bei 11 Prozent, das sind 7 Prozentpunkte mehr als vor zwei Jahren. Die Fridays-for-Future-Bewegung ist dabei typischerweise vertreten, ebenso die Diskussion rund um die $CO_2$-Steuer. Ansonsten fällt in den Beiträgen auf, dass sich die Autoren um eine Differenzierung in der Nachhaltigkeitsdebatte bemühen. User warnen einander vor einer zu vereinfachten und vereinfachenden Debatte. Als nachhaltig propagierte Maßnahmen werden hinterfragt – für die einen gehen sie zu weit, für die anderen sind sie nicht weitreichend genug.

### Nachhaltige gesellschaftliche Entwicklung – ohne Technologie?

Auch in der Verwendung von Nachhaltigkeit als Synonym für „dauerhaft" fällt eine Veränderung auf (vgl. Abbildung 5): Hier ist eine starke politische bzw. gesellschaftliche Färbung der Diskussion zu beobachten, die sich für dauerhafte und

Sehr beliebt auf Instagram: Tipps und Tricks für einen nachhaltigen Lebensstil, indem man DIY praktiziert und beispielsweise die Kunst des Stopfens erlernt.

langfristige Perspektiven einsetzt. Insgesamt geht es darum, den zukünftigen Generationen lebenswerte Bedingungen zu hinterlassen. Nachhaltigkeit bedeutet hier vor allem Zukunftsorientierung. Das ist auch eine mögliche Erklärung,

warum politische und wirtschaftliche Konnotationen über alle Kategorien hinweg leicht zunehmen (vgl. Abbildung 3), die Diskussion in den explizit so gekennzeichneten Kategorien aber nicht. Denn gleichzeitig bleibt die Diskussion rund um „Ökonomie und Wirtschaftswachstum" mit 10 Prozent auf annähernd gleichem Niveau wie 2018, und die Diskussion rund um „Politik und Gesellschaft" geht von 20 auf 11 Prozent sogar zurück (vgl. Abbildung 1). Dort werden auch Themen wie Migration, das Rentensystem und die Wohnungspreise diskutiert und Forderungen nach nachhaltigen Lösungen damit verbunden. Was auffällt, ist, was nicht diskutiert wird: Noch nie wurde der Wert Nachhaltigkeit weniger mit technologischen Themen in Verbindung gebracht als in der vorliegenden Untersuchung.

Wie nachhaltiger Alltag aussieht – das wird gern mit den Followern auf Instagram geteilt.

Das technische Innovationspotenzial des Werts bzw. der Beitrag von Technologien für eine nachhaltige Entwicklung wird offensichtlich nicht erkannt oder nicht für diskussionswürdig erachtet.

### Kommerzielles Potenzial der Nachhaltigkeit.

Ein Blick auf Instagram zum Thema Nachhaltigkeit offenbart die kommerzielle Interpretation des Werts: Im Vergleich zu anderen Werten dominieren auf Instagram Beiträge mit werblichem Charakter stark. Dabei geht es nicht nur um die Verbreitung von Werbung oder Mundpropaganda über ökologische Produkte. Es geht auch um nachhaltigen Erfolg in der Persönlichkeitsentwicklung, von

**4 DETAILERGEBNISSE: UMWELTSCHUTZ UND ÖKOLOGIE**

In der Diskussion liegt der Fokus der User auf konkreten Maßnahmen und Lösungen in den unterschiedlichen Bereichen. Die bloße Analyse dauerhafter Schäden ist eine Randerscheinung.

| | |
|---|---|
| Sparsamer Umgang mit Ressourcen | 20 % ↗ 8 |
| Umweltschutz/Ökologie allgemein | 19 % ↗ 7 |
| Umweltschutz/Nachhaltigkeit in Unternehmen | 13 % |
| $CO_2$/Energiekonzepte/Klimaschutz | 11 % ↗ 7 |
| Nachhaltigkeit in der Landwirtschaft | 8 % ↗ 4 |
| Dauerhafte Schädigungen | 4 % |

In Prozent aller codierten Beiträge des Wertes; Pfeile kennzeichnen signifikante Veränderungen (Angabe in Prozentpunkten) gegenüber dem Werte-Index 2018. Indiziert auf Basis der Summenwerte des Werte-Index von 2012.

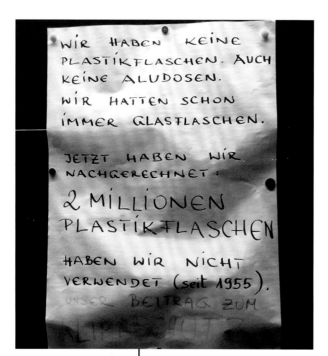

WIR HABEN KEINE PLASTIKFLASCHEN. AUCH KEINE ALUDOSEN. WIR HATTEN SCHON IMMER GLASFLASCHEN.

JETZT HABEN WIR NACHGERECHNET:

2 MILLIONEN PLASTIKFLASCHEN

HABEN WIR NICHT VERWENDET (seit 1955).

UNSER BEITRAG ZUM NATURSCHUTZ

Nachhaltigkeit in Unternehmen wird von Instagrammern honoriert, indem die entsprechenden Bilder gepostet werden.

dem Instagrammer berichten. Ein eindeutiger Schwerpunkt ist dabei der berufliche und damit finanzielle Erfolg, der u. a. mit der Anwendung von bestimmten Geschäftsmodellen oder -strategien versprochen wird. Authentische User-Stimmen, die keine (offensichtlichen) Interessen an Follower-Maximierung oder anderen kommerziellen Benefits haben, sind in der Minderheit. Hier zeigt sich auch der gesellschaftliche Trend, dass die Grenzen zwischen privater und professioneller Identität verschwimmen, deutlich: Persönlichkeiten, die sich als Marke präsentieren, sind naturgegeben auf Instagram besonders aktiv. Dass diese vor allem beim Wert Nachhaltigkeit stark vertreten sind, zeigt das Trend-Potenzial und die Attraktivität von Nachhaltigkeit als Werte-Begriff.

**5 DETAILERGEBNISSE: SYNONYM/BEKRÄFTIGUNG VON „DAUERHAFT"**

Die positive Wirkung der Nachhaltigkeit ist der wichtigste Faktor, u. a. auch in der Diskussion rund um politische Themen.

| | |
|---|---|
| Positive/negative Wirkung der Nachhaltigkeit | 13 % ↗ 6 |
| Synonym/Bekräftigung von „dauerhaft" allgemein | 12 % ↘ -7 |
| Nachhaltige Veränderungen/Einstellungen/Situationen | 4 % ↘ -10 |

In Prozent aller codierten Beiträge des Wertes; Pfeile kennzeichnen signifikante Veränderungen (Angabe in Prozentpunkten) gegenüber dem Werte-Index 2018. Indiziert auf Basis der Summenwerte des Werte-Index von 2012.

**6 DETAILERGEBNISSE: POLITIK UND GESELLSCHAFT**

Die Diskussion um explizite politische und gesellschaftliche Aspekte nimmt ab.

| | |
|---|---|
| Politik und Gesellschaft | 9 % |
| Politische Aspekte | 2 % ↘ -7 |
| Gesellschaftliche/soziale Aspekte | 1 % ↘ -4 |

In Prozent aller codierten Beiträge des Wertes; Pfeile kennzeichnen signifikante Veränderungen (Angabe in Prozentpunkten) gegenüber dem Werte-Index 2018. Indiziert auf Basis der Summenwerte des Werte-Index von 2012.

Foto: natur.knall

„

**... die politik versäumt es seit jahren, an nachhaltigen lösungen zu arbeiten.**

**... ein nachhaltiger lebensstil muss nicht teuer sein.**

**... so einfach ist es nicht. flüge und suvs zu verbieten wird die welt nicht retten.**

„

**7 THEMENSCHWERPUNKTE NACH MEDIEN**

Auf Twitter steht etwas stärker die synonyme Begriffsnutzung im Vordergrund, auf Facebook „Umweltschutz".

**Definition von Nachhaltigkeit**
| 48 | 1 |

**Synonym /Bekräftigung von „dauerhaft"**
| 54 | 8 |

**Umweltschutz und Ökologie**
| 45 | 4 |

**Ökonomie und Wirtschaftswachstum**
| 49 | 7 |

**Politik und Gesellschaft**
| 48 | 3 |

**Gesamt**
| 48 | 5 |

Zeilenprozente; n = 655          ■ Facebook    ▨ Twitter    □ andere

# Unternehmens-implikationen ▬

Fotos: Alex Tyler – Forest Green Rovers; Recup; K Group Kesko

**IN DER KOMMUNIKATION**

**Die Zeiten des Greenwashings sind endgültig vorbei.** Für das Marketing gilt es, sich auf seine Rolle als Vermittler zwischen Unternehmen und Markt zu fokussieren. Der Markt umfasst in der Netzwerkökonomie mehr als nur die Dimension des Konsumenten. Um hier glaubwürdig den Dialog zu gestalten, müssen Kommunikationsstrategien sich aus nachhaltig orientierten Unternehmensstrategien entwickeln – und es muss aktiv der Dialog mit den unterschiedlichsten Stakeholdern gesucht werden.

**Pflichtlektüre für jede Kommunikationsabteilung sind die Sustainable Development Goals (SDGs).** Mit ihnen können Strategien und Erfolge in einen etablierten und glaubwürdigen Rahmen gesetzt werden.

**IN DER PRODUKT- UND SERVICE-ENTWICKLUNG**

In der Entwicklung von Produkten und Services gilt es, die goldene Regel nachhaltigen Konsums zu verinnerlichen: **reduce, reuse, repair, recycle.** Das bedeutet, in die Langlebigkeit, Reparierbarkeit und Wiederverwertbarkeit der Produkte zu investieren. Und es beutet auf der anderen Seite, alles, was nicht notwendig oder was schädlich ist, wegzulassen.

**Was sich an ökologischem Fußabdruck nicht vermeiden lässt, lässt sich kompensieren.** Dabei empfehlen sich Partnerschaften mit etablierten und erfahrenen Kompensationsanbietern. So kann der Verdacht auf Greenwashing gar nicht erst aufkommen.

**ALS ARBEITGEBER UND CORPORATE CITIZEN**

Der Ansatz von Corporate Social Responsibility (CSR) wird heute immer noch vielfach als Schadensminimierung gelebt. **Dabei ist die Zeit längst reif für „Do good" oder sogar „Do better".** Unternehmensstrategien, die sich an ihrer positiven ökologischen oder sozialen Wirkung ausrichten („Impact"), entwickeln ein enormes Innovationspotenzial, und gleichzeitig erhöht dies die Attraktivität eines Unternehmens als Arbeitgeber.

Mit der Entwicklung eigener KPIs lässt sich die positive Wirkung als Unternehmen messen und dokumentieren. **Besonders mutige Unternehmen teilen ihre Erfahrungen, wie sie ihr Business nachhaltig ausgerichtet haben, und unterstützen andere, es ihnen gleichzutun.**

'The world's greenest football club' FIFA

**Nachhaltiges Gesamtkonzept im Fußball.** Die **Forest Green Rovers** sind der erste $CO_2$-neutrale und vegane Sportverein der Welt. Ein veganer Ernährungsberater coacht die Spieler, wie sie mit protein-reicher Nussbutter und Tofu die Muskeln für Torerfolge aufbauen. Ihr Stadion „The New Lawn" wird zu 100 Prozent mit Ökostrom versorgt, unter anderem durch die Solarpaneele auf dem Dach. Und auch ihr Fußballfeld ist wohl das einzige wirklich ökologische Fußballfeld der Welt, denn es kommt ganz ohne chemischen Dünger aus, wird mit Regenwasser bewässert und von einem mit Solarenergie betriebenen Roboter gemäht. – www.fgr.co.uk

**Mehrwegverpackungen.** Die Zero-Waste-Plattform **Loop** ermöglicht es, Produkte des alltäglichen Gebrauchs zu bestellen und die leeren Verpackungen der koope-rierenden Marken wie Dove, Axe, Gilette, Pantene oder Häagen-Dazs zur Wiederbe-füllung zurückzuschicken. **Recup** verfolgt ein ähnliches Prinzip zur Vermeidung von Müll und zur Schonung der Ressourcen wie der Online-Retailer: Es ist ein deutschland-weites Pfandsystem für Coffee-to-go-Mehrwegbecher, die bei Bäckereien und Cafés statt Einwegbecher gegen 1 Euro Pfand aus- und zurückgegeben werden können – Kooperationspartner sind via App zu finden. – www.loopstore.com www.recup.de

**Fußabdruck on the go.** Kunden der Supermärkte der finnischen **K Group** können sich in Echtzeit über den Fuß-abdruck, den sie mit ihrem Einkauf verursachen, informieren. Über eine App wird sichtbar, wie viel $CO_2$-Ausstoß mit der Entscheidung für das eine oder andere Produkt verbunden ist. Ein bewussterer und $CO_2$-reduzierterer Einkauf soll die Fol-ge sein. Ebenfalls über eine App werden die Kunden bereits schon seit Längerem dar-über informiert, wie viele lokale Produkte sie einkaufen, bzw. die App gibt Hinweise, wie der Einkauf regionaler gestaltet werden kann. – www.kesko.fi

# Experteninterview ___
## „Das rechte Maß finden."

Was bedeutet es, in einer Postwachstumsökonomie zu wirtschaften? Darüber haben wir uns mit dem systemtheoretisch orientierten Wirtschafts- und Sozialwissenschaftler **Professor André Reichel** unterhalten. Im Interview erklärt er, warum es sinnvoll ist, Wachstum neu zu denken, und welche Auswirkungen das im Zusammenspiel mit Nachhaltigkeit auf unternehmerische Strategien und Geschäftsmodelle hat.

F… **Herr Reichel, ganz allgemein: Was unterscheidet das Konzept des „Post-Growth" von der traditionellen Corporate Social Responsibility?** A… Bei CSR geht es um die Berücksichtigung gesellschaftlicher und ökologischer Anforderungen bei Unternehmensprozessen und -entscheidungen. Durch CSR vergewissern sich Unternehmen, dass ihr wirtschaftliches Handeln nicht zu gesellschaftlich und ökologisch unerwünschten Folgen führt. Postwachstum stellt die Fixierung auf Wirtschaftswachstum infrage: Aus dieser Sicht sind viele der Probleme, mit denen sich CSR befasst, Folgen der Wachstumsfixierung, und diese können nur dann angegangen werden, wenn auch der CSR-Ansatz wachstumskritischer wird.

F… **Nicht zu wachsen – oder gar zu schrumpfen – klingt zunächst nach Verzicht. Welchen Nutzen erwarten sich Unternehmen von Wachstumsunabhängigkeit?** A… Wachstum ist auch eine Last. Denn wer im Unternehmen Kapazitäten aufbaut, muss diese etwa wegen der Fixkosten langfristig auslasten können. Dasselbe gilt für die Expansion in neue Standorte und Länder: Die müssen produktiv sein können und ins Unternehmen, auch kulturell, integriert werden. Gleichzeitig verlangt eine größer werdende Organisation neue Strukturen, neue Hierarchiestufen und komplexere Abstimmungsprozesse. Die Frage lautet eher: Welche Größe ist – unter ökonomischen, ökologischen und sozialen Gesichtspunkten – die richtige für mein Unternehmen? Und „richtig" meint hier vor allem: Welche Größe kann ich langfristig durchhalten, ohne mich zu sehr von Markteventualitäten abhängig zu machen? Das wäre dann ein wachstumsunabhängiges Unternehmen.

F… **Eine wichtige Strategie im Post-Growth ist die Suffizienz – das rechte Maß zu finden. Wie finden Unternehmen das rechte Maß? Warum ist es für viele Unternehmen so schwierig? Und umgekehrt: Was spricht gegen eine extensive Skalierung von nachhaltigen Strategien?** A… Suffizienz meint das Recht, nicht mehr haben wollen zu müssen, als man wirklich will. Selbstbestimmt „genug" zu sagen. Das ist für Konsumenten schon nicht einfach, wenn sie sich einem wirtschaftlichen Umfeld gegenübersehen, das die ganze Zeit von ihnen verlangt, mehr zu kaufen. Für Unternehmen bedeutet Suffizienz,

*André Reichel ist Professor für International Management & Sustainability an der International School of Management (ISM) und einer der zentralen Vordenker für betriebswirtschaftliche Perspektiven auf die Postwachstumsökonomie. Seine Forschungsschwerpunkte liegen in wachstumsresilienten Geschäftsmodellen und den Erfolgsindikatoren der nächsten Ökonomie. Zudem ist er ehrenamtlicher Vorstand der elobau-Stiftung in Leutkirch im Allgäu.*

*www.andrereichel.de*

ihren Kunden dabei zu helfen, dieses Recht auch in Anspruch nehmen zu können, also Produkte und Leistungen bereitzustellen, die langfristige Wirkung haben. Das können langlebige und reparaturfähige Produkte sein oder eigene Reparatur- und Recyclingleistungen. Aber auch Beratung zur Entrümpelung des eigenen Lebensstils. Dies geht übrigens nicht nur im B2C-Bereich, sondern durchaus ebenfalls bei B2B. Schlagwörter wären hier Betreibermodelle, hybride Leistungsbündel und Remanufacturing von Produkten. Schwierig ist das meist, weil es den Aufbau neuer Produktsparten inklusive neuer Kompetenzen bedeutet und den behutsamen Ab- oder zumindest Umbau bestehender Angebote. Gleichzeitig sind solche suffizienzorientierten Angebote erklärungsbedürftig gegenüber dem Kunden, was eine große Aufgabe für das Marketing ist. Was die Hochskalierung von nachhaltigen Strategien angeht: Sehr gern, aber wenn das wiederum zu Wachstumseffekten und damit mehr Umweltverbräuchen führt, ist nichts gewonnen. Skalierung muss hier zwingend zu einer absoluten Entkopplung von Wachstum und Verbrauch führen, das heißt, die skalierten Lösungen müssen substitutiv wirken und andere, weniger nachhaltigere Lösungen verdrängen. Kommt einfach nur eine neue Konsumoption dazu, wäre es besser gewesen, überhaupt nicht zu innovieren.

F... **Wie können Unternehmen erste kleine Schritte in Sachen Wachstumsunabhängigkeit machen? In welchen Bereichen lassen sich gut erste Testballons starten?** A... Je höher ihre Eigenkapitalquote ist, umso weniger sind Unternehmen abhängig von externen Faktoren, was die Finanzierung angeht. Wenn sie dazu noch „privat" sind, also nicht als Aktiengesellschaft an der Börse gehandelt werden, sondern vielleicht stiftungsbasiert, familiengeführt oder mit wenigen langfristig orientierten Anlegern, ist schon mal ein guter Anfang gemacht. Dann ist entscheidend, inwiefern ihr Leistungsportfolio auf steigenden Absatz materieller Produkte ausgerichtet ist. Der Wechsel vom Produktabsatz zur Dienstleistung über verlängerte Produktlebenszyklen ist hier sicherlich wichtig. Das ist aber auch sehr produkt- und branchenspezifisch. Was außerdem noch wichtig ist: Wie sensibel ist die Organisation, wenn Schrumpfungsprozesse auftreten? Hier können kleinere, semiautonome Organisationseinheiten und agile Prozesse und Strukturen hilfreich sein. Man muss das Rad also nicht völlig neu erfinden, aber kreativ bestehende Ansätze verbinden und Stück für Stück umsetzen.

Das ungekürzte Interview ist unter www.werteindex.de/ andre-reichel zu lesen.

# „Suffizienz meint das Recht, nicht mehr haben wollen zu müssen, als man wirklich will. Also selbstbestimmt ‚genug' zu sagen."

**Methodische Vorgehensweise: dreistufige Analysen.**

Für die bestmögliche Vergleichbarkeit mit früheren Werte-Index-Studien wurde eine weitestgehend identische Methode eingesetzt.

Im Detail durchlief das Forschungsprojekt drei Ablaufschritte:

a) **Werte-Ranking als Analyse der quantitativen Bedeutung von Werten**
- Festlegung von 15 vorab über Trendforscher definierten Werten
- Medienauswahl/Eingrenzung der Online-Medien (siehe unten)
- Operationalisierung der Werte über Suchbegriffe (siehe unten)
- Suche nach Beiträgen (über die Social-Media-Plattform Talkwalker) für einen definierten Berichtszeitraum (1.5.2019 bis 30.9.2019)
- Sichtung von Beiträgen und Formulierung von Excludes
- Ermittlung von Eckdaten aus allen Beiträgen für die Rangplatzberechnung
- Rangplatzberechnung (15 Werte)

b) **Quantitative Detaillierung: Analyse der inhaltlichen Facetten der Top-10-Werte**
- Überprüfung der Codepläne; wo möglich, Beibehaltung für die Vergleichbarkeit
- Stichprobenziehung für die manuelle Inhaltsanalyse/das Coding
- Individuelle Sichtung von Beiträgen und manuelle Inhaltsanalyse von ca. 800 Beiträgen je Wert
- Quantitative Analyse der codierten Beiträge

c) **Qualitative Beispiele: Sichtung von Originalbeiträgen**
- Kennzeichnung der für einen Codepunkt „typischen" Beiträge durch die Coder
- Qualitative Analyse von 80 bis 110 „typischen" Beiträgen für jeden Wert und seine Untergruppierungen

**Festlegung der einzubeziehenden Quellen.**

Die Quellen sollten eine möglichst breite thematische Ausrichtung besitzen, sich auf einen konkreten zeitlich-historischen Kontext beziehen und gleichzeitig von einem möglichst großen User-Kreis genutzt werden. Die in die Studie einbezogenen Beiträge beziehen sich auf

- Den Erscheinungszeitraum vom 1. Mai 2019 bis 30. September 2019
- Quellen mit allgemeiner gesellschaftlicher und politischer Ausrichtung
- Reichweitenstarke Quellen: Top-Sites aus dem Alexa Ranking sowie Top-Plätze aus Blogcharts. Für die Auswahl der Blogs wurden mehrere verfügbare Rankingtabellen zusammengetragen, die wichtigsten Blogs wurden über aktuelle Alexa-Zahlen identifiziert. Insgesamt wurde – wo möglich – auf eine inhaltliche Übereinstimmung mit den Quellen aus früheren Erhebungswellen Wert gelegt.
- Bei den redaktionellen Quellen lassen sich deutliche Trends dahingehend feststellen, auf Kommentarfunktionen auf den eigenen Seiten zu verzichten und diese über Facebook-Seiten zu substituieren. Diese Facebook-Seiten waren aber nur sehr begrenzt über die Analyseplattform Talkwalker zugänglich. Teilweise wurden daher reichweitenstärkere Seiten durch -schwächere Seiten ersetzt.

## Quellengewicht und Indizierung.

Um den Effekt einer einzigen Quelle auf die Gesamtbetrachtungen nicht ausufern zu lassen, wurden 2012 und 2014 Einzelquellen auf maximal 25 Prozent der Beiträge eines Wertes begrenzt (Quellengewichtung für Twitter und „Gutefrage. net"). Seit 2016 wurden die gefundenen Quellen im Originalgewicht beibehalten, und es wurde auf eine Gewichtung verzichtet.

Die Darstellungen der Themenschwerpunkte und Detailergebnisse sind ab 2016 auf die durchschnittliche Nennungszahl von 2012 indiziert, um sicherzustellen, dass Änderungen der Häufigkeiten nicht auf weniger Codepunkte je Beitrag zurückzuführen sind.

Eine Auflistung der berücksichtigten Quellen und Suchbegriffe kann über die Autoren bezogen werden. Sie stellen eine Mischung aus Microblogs (Twitter), Blogs, Foren, Social Networks und Kommentarfunktionen zu redaktionellen Inhalten von Online-Medien dar.

## Anmerkungen zu Facebook.

Facebook nimmt im Rahmen der im Untersuchungszeitraum gefundenen Beiträge wiederum ein spürbares Gewicht ein (durchschnittlich ca. 27 Prozent der Beiträge). Facebook bietet nicht nur Profile für Privatpersonen an, sondern auch Facebook-Pages zur „professionellen" Verbreitung von Content. Diese Möglichkeit wird mittlerweile von nahezu allen von uns definierten redaktionellen Quellen genutzt, teils für eine reine Verlinkung, größtenteils aber als zusätzliche Verbreitungsmöglichkeit von Content. Daneben hat Facebook die Einsehbarkeit von privaten Seiten stark eingeschränkt und macht die Inhalte der dort veröffentlichten Beiträge zugleich nur sehr bedingt für Crawler und externe Analysen zugänglich. Man darf davon auszugehen, dass Beiträge aus dieser Quelle in der vorliegenden

Untersuchung nicht vollständig abgebildet sind. Aus diesen Gründen wurde für das Werte-Ranking mit dem gefundenen Originalgewicht aller Quellen (auch Facebook) gearbeitet.

### Instagram, Snapchat und Co.

Zwar bietet schon Facebook die Möglichkeiten, Bilder und Videos einzubinden, aber erst mit Messenger-Diensten wie Instagram, Snapchat u. Ä. haben diese eine enorme Verbreitung gefunden. In die vorliegende Untersuchung wurde bloß Instagram als stark bildgestützter Messenger-Dienst einbezogen. Dabei decken sich die vorgefundenen Anzahlen von Beiträgen nur bedingt mit den Erwartungen, die man aufgrund der veröffentlichten Nutzerzahlen von Instagram haben könnte. Da aber der Einfluss anderer Faktoren nicht auszuschließen ist (z. B. Erhebungszeitraum, Suchbegriffe), wurde auch bei Instagram mit dem Originalgewicht gearbeitet. Da viele Instagram-Beiträge versuchen, über möglichst breit angelegte Hashtags eine große Reichweite zu erzielen, sind sie bei „populären" Suchbegriffen stärker vertreten, geben aber häufig inhaltlich nichts her.

### Twitter.

Die vorgelegten Analysen arbeiten u. a. mit Aufbrüchen nach demografischen Kriterien. Diese stammen weitestgehend aus Twitter. Dort haben User die Möglichkeit, in eigenen Profilen freiwillig demografische Daten zu hinterlegen. Nicht alle User tun das, sodass die Daten nur für User stehen, die entsprechende Angaben gemacht haben.

### Definition der Suchbegriffe.

Innerhalb der definierten Quellen und des festgelegten Zeitraums wurden Beiträge gesucht, die wertespezifische Suchbegriffe beinhalteten. Die Suchbegriffe (als „Einstieg" in den Wert) sollten möglichst nahe am eigentlichen Wert liegen, unterschiedliche Pole eines Werts abbilden (also einschließlich Negationen/Antonymen) und ein Auftreten des Kernbegriffs in unterschiedlichen sprachlichen Variationen (z. B. Substantive, Adjektive etc.) abdecken. Für die Vergleichbarkeit wurden die Suchbegriffe der vorherigen Jahre übernommen. „Falsche" Beiträge wurden über Excludes identifiziert und ausgeschlossen. Die Excludes wurden in jeder Untersuchungswelle gesichtet und gegebenenfalls erweitert. Eine Auflistung der berücksichtigten Suchbegriffe kann über die Autoren bezogen werden.

## „Manuelle" Inhaltsanalyse aufgrund der Komplexität des Themas und der Beiträge.

Aufgrund der folgenden formalen und inhaltlichen Besonderheiten wurde wie in früheren Untersuchungswellen eine manuelle Inhaltsanalyse durchgeführt. Die dafür relevanten Gründe waren:

- Trackback-Funktionen erschweren die zweifelsfreie Zuordnung von Postings zu vorab definierten Quellen. Hier hilft häufig erst eine detaillierte Sichtung der Beiträge weiter.
- Doppelte Beiträge: Viele Nutzer stellen ihre Beiträge mehrfach ins Netz; soweit möglich, wurden diese im Rahmen der Inhaltsanalyse bereinigt.
- Werbeeinträge oder werbliche Links auf andere Seiten stellen keine Nutzermeinungen dar, sind aber manchmal erst beim genauen Lesen als solche erkennbar.
- Im Rahmen komplexerer Diskussionen (Threads) können redaktionelle Inhalte von User-Meinungen bzw. verschiedene User-Einträge (Posts) untereinander oft erst durch genaue Sichtung der Beiträge erkannt werden.
- Sonderprobleme Twitter und Instagram: Die Längenbegrenzung (Twitter) bzw. der Charakter der Quelle (Instagram) führt häufig zu schwer interpretierbaren Verschlagwortungen/Hashtags (zum schnellen Auffinden) ohne weitergehende inhaltliche Äußerung.
- Sprachliche Vielfalt und sprachlicher Wandel: Suchbegriffe tauchen auch in Kombinationen oder Sprachnutzungen auf, die nicht im Sinne des gesuchten Inhalts sind (z. B. „das ist echt krank" ist weder im Sinne von „Echtheit" noch „Gesundheit/Krankheit" interpretierbar). Social-Media-Plattformen erlauben es bedingt, über Ausschlüsse/Excludes derartige Begriffskombinationen auszugrenzen. Die sprachliche Kreativität der Nutzer setzt dem aber Grenzen, sodass Suchalgorithmen nur einen Teil dieser falschen Beiträge finden können.
- Kontextabhängige Interpretationen/Einordnungen/Codierungen: Detaillierte Inhalte für eine Inhaltsanalyse erschließen sich oft erst, wenn der komplette Inhalt eines Postings gelesen wurde.

Trotz aller Fortschritte „automatischer" Textanalysen erschien den Autoren die manuelle und kontextbezogene Interpretation der Beiträge weiterhin als die valideste Methode.

Beiträge auf stark bildgestützten Messenger-Diensten (hier Instagram) stellen eine neue Herausforderung der Inhaltsanalyse dar. Für diese Beiträge wurden die gefundenen Hashtags/Schlagwörter, die beigefügten Kommentare (soweit vorhanden) und einfache Bildbotschaften interpretiert. Auf eine komplexere Analyse der Bildbotschaften wurde verzichtet.

# Social-Media-Analyse von Werten

### Zielsetzung des Werte-Index.

Der Werte-Index hat das Ziel, Ausprägung und Wandel von Werten zu dokumentieren. Auch wenn man davon ausgeht, dass Werte innerhalb eines definierten sozialen Kontexts längerfristig stabil sind und damit Teile einer Kultur ausmachen, so unterliegen sie doch stetem Wandel. Werte gewinnen oder verlieren an Bedeutung und werden je nach historischem oder subkulturellem Kontext verschieden interpretiert. Ein „Wert" kann nicht nur von unterschiedlichen gesellschaftlichen Gruppen, sondern auch von ein und demselben Individuum in unterschiedlichen Kontexten und zu verschiedenen Zeitpunkten anders interpretiert und gelebt werden. Das Projekt Werte-Index spürt diesen Sinngebungen nach und versucht, die Bedeutung von konkreten Werten im deutschsprachigen Raum nachzuvollziehen. „Bedeutung" ist dabei im doppelten Sinne von Interesse:

- Die Relevanz eines konkreten Werts im Kontext anderer Werte
- Die Sinngebung: Welche inhaltlichen Facetten machen einen Wert in der heutigen Situation aus, und wie haben sie sich in den letzten Jahren geändert?

### Social-Media-Analyse als Methode der Wahl.

Seit der ersten Auflage des vorliegenden Projekts wird versucht, wertebezogene Äußerungen möglichst aller gesellschaftlicher Gruppen einzubeziehen. Daher können rein qualitativ interpretierende Methoden nicht die ausschließliche Informationsquelle sein. Abgesehen von einem definierten Werterahmen und (aus früheren Untersuchungen) vorgegebenen Suchbegriffen muss die Methode möglichst ergebnisoffen sein. Sozialwissenschaftliche Methoden arbeiten aber häufig mit einem gewissen Grad an Vorstrukturierung. Angesichts der Kontextabhängigkeit von Antwortverhalten widerspricht eine Vorstrukturierung jedoch in Teilen den Zielsetzungen des Projekts.

Die Analysen basieren daher auf einer Social-Media-Analyse, worunter wir in diesem Projekt die strukturierte Analyse von Social-Media-Inhalten verstehen. Die Methode zeigt uns, welche Werte für Menschen so wichtig sind, sie so bewegen, dass sie von sich aus unaufgefordert darüber diskutieren. Das besitzt für die Zielsetzung des Projekts herausragende Vorteile:

- Der Themenfokus wird durch die User gesetzt, nicht durch Forscher.
- Der sprachliche und inhaltliche Kontext, in dem Werte zum Tragen kommen, ändert sich ständig, je nachdem, worüber User gerade diskutieren.
- In offenen Meinungsäußerungen nehmen User kein „Blatt vor den Mund", sondern sprechen (anonym) auch einmal an, was man anderorts nicht äußert.
- Niedrige Zugangsschwellen (Kosten, Kenntnisse) ermöglichen eine breite Nutzerschaft.

Angesichts dieser Vorteile treten methodische Nachteile wie die Konzentration auf auskunftsfreudigere Onliner in den Hintergrund. Wenngleich im Rahmen des vorliegenden Projekts eine Quantifizierung auf Basis einer breiten Stichprobe von Beiträgen durchgeführt wird (insgesamt wurden ca. 3,3 Mio. Beiträge zu den eingesetzten Suchbegriffen für den Erhebungszeitraum gefunden), kann nicht von Repräsentativität gesprochen werden. Es handelt sich um eine Momentaufnahme von wertebezogenen Äußerungen in Social-Media-Beiträgen, die für einen bestimmten Untersuchungszeitraum von einer bestimmten Analyseplattform (Talkwalker) gefunden wurden. Kurzfristige Variationen sind vor diesem Hintergrund zu sehen.

## Dynamik der Social Media abbilden.

Social Media unterliegen einem permanenten dynamischen Wandel. Getrieben durch technologische Innovation und User-Präferenzen verändert sich der Rahmen des Machbaren rasant. Was heute „normal" ist, war vorgestern noch Utopie. Technologische Quantensprünge schreiben ungeahnte Erfolgsgeschichten. User saugen insbesondere solche Innovationen auf, die Bedürfnisse ansprechen, ihr mediales Verhalten ändert sich entsprechend. Der Werte-Index muss versuchen, dem zu folgen. Als die erste Werte-Index-Untersuchung veröffentlicht wurde (2009), war das erste iPhone zwei Jahre alt, Facebook hatte in Deutschland zwei Millionen Nutzer, das mobile Datenvolumen lag bei 33 Millionen GB. Das ist heute (2019) gerade einmal zehn Jahre her.

### Arbeitsweise des vorliegenden Social-Media-Research.

Die vorliegende Social-Media-Analyse nutzt als Datenbasis die frei zugänglichen Einträge, die Nutzer unterschiedlicher Medien und Instrumente im Internet hinterlassen. Diese werden zweistufig ausgewertet: über die Gesamtzahl der Beiträge und über eine Inhaltsanalyse einer Stichprobe von Beiträgen.

Social-Media-Analysen orientieren sich im Ablauf an den grundsätzlichen Schritten sozialwissenschaftlicher Erhebung, von der Formulierung des Erkenntnisinteresses, der Erstellung eines Forschungsdesigns, der Festlegung von Informationsquellen über die Beschaffung und Aufbereitung der Informationen bis hin zur Analyse und Interpretation der Daten.

### Manuelle Textanalyse versus „automatisierte" Verfahren.

Die Inhaltsanalyse findet über eine Interpretation und eine klassifizierende Einordnung einer Stichprobe von User-Texten zu den einzelnen Werten statt.

Nach Sichtung einer umfangreichen Stichprobe von Beiträgen, ihrer Strukturen und Besonderheiten (siehe auch „Methodik/Vorgehensweise" auf Seite 138) wurde von „automatisierten" oder „teilautomatisierten" Kategorisierungsverfahren und Analysen auch in der vorliegenden Welle Abstand genommen. Sie erschienen uns zu ungenau und konnten u. E. der Struktur der vorgefundenen Texte und ihrer Probleme nicht ausreichend Rechnung tragen. Für die vorgenommenen Trendbetrachtungen wurden Kategorisierungsschemata, die in früheren Jahren erarbeitet wurden, benutzt. Diese wurden im Zuge der Bearbeitung der einzelnen Werte auf ihre Passgenauigkeit hin untersucht und wo nötig verändert. Die Beiträge zu den Werte-Themen wurden daher wie in Voruntersuchungen inhaltsanalytisch durch manuelle Codierung ausgewertet.

# Erläuterung der Diagramme ___

Der Werte-Index basiert auf der Kombination quantitativer und qualitativer Untersuchungsmethoden. Die quantitativen Ergebnisse geben wichtige Anhaltspunkte für die Einschätzung der Werte-Diskussion. Folgende Diagramme illustrieren in jedem Werte-Kapitel die quantitativen Resultate.

**2 TONALITÄT DER BEITRÄGE**

Die überwiegende Tonalität aller Themen ist neutral.

Definition von Nachhaltigkeit
87 / 11

Synonym/Bekräftigung von „dauerhaft"
77 / 18

Umweltschutz und Ökologie
78 / 17

Ökonomie und Wirtschaftswachstum
87 / 7

Politik und Gesellschaft
87 / 12

Gesamt
81 / 15

Zeilenprozente ■ positiv ▨ neutral ☐ negativ

## Tonalität

Die Balken geben Aufschluss darüber, ob ein User-Beitrag insgesamt eine positive, negative oder neutrale Tonalität aufweist. Vorhandene automatische Verfahren können die User-Sprache nicht verlässlich genau interpretieren. Daher wurde die Kategorisierung von Analysten übernommen.

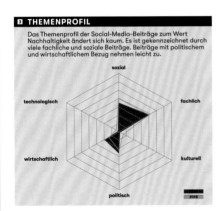

**3 THEMENPROFIL**

Das Themenprofil der Social-Media-Beiträge zum Wert Nachhaltigkeit ändert sich kaum. Es ist gekennzeichnet durch viele fachliche und soziale Beiträge. Beiträge mit politischem und wirtschaftlichem Bezug nehmen leicht zu.

sozial · technologisch · fachlich · wirtschaftlich · kulturell · politisch · 2018

## Themenprofil

Die Dokumente der identifizierten Diskussionsschwerpunkte wurden thematischen Kategorien zugeordnet. Die jeweiligen Anteile an der Gesamtzahl der Dokumente, die dem Wert zugerechnet werden, bestimmen den Ausschlag des Profils. Dadurch können Diskussionsschwerpunkte leichter identifiziert und zwischen den Werten vergleichbar gemacht werden. Die Kategorisierung wurde von Analysten vorgenommen.

**1 THEMENSCHWERPUNKTE**

Die Themenschwerpunkte verschieben sich merklich: Die Häufigkeit von Beiträgen rund
um das Thema „Umweltschutz und Ökologie" nehmen deutlich zu. Definitionen, synonyme
Nutzungen und Beiträge mit politischem Bezug nehmen stark ab.

| | | |
|---|---|---|
| Umweltschutz und Ökologie | 57 % | ↗ 22 |
| Synonym/Bekräftigung von „dauerhaft" | 28 % | ↘ -7 |
| Politik und Gesellschaft | 11 % | ↘ -9 |
| Ökonomie und Wirtschaftswachstum | 10 % | |
| Definition von Nachhaltigkeit | 8 % | ↘ -10 |

In Prozent aller codierten Beiträge des Wertes; Pfeile kennzeichnen signifikante Veränderungen (Angabe in Prozentpunkten) gegenüber dem
Werte-Index 2018. Nettozählungen: Sofern in einem Beitrag mehrere Nennungen desselben Schwerpunktes vorlagen, wurde dieser nur einfach gezählt.
Indiziert auf Basis der Summenwerte des Werte-Index von 2012.

## Themenschwerpunkte

Die Balken zeigen die jeweilige Häufigkeit der Dokumente, die einem identifizierten Thema zugeordnet werden
können. Dargestellt werden die Anteile an der Anzahl aller Dokumente der Stichprobe des jeweiligen Werts.
Die Einschätzung der Themen-Priorität wird möglich. Pfeile und Angaben zu Zuwächsen/Abnahmen weisen auf
Veränderungen zu 2018 hin.

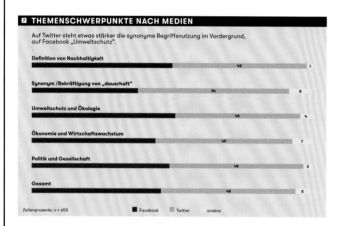

**7 THEMENSCHWERPUNKTE NACH MEDIEN**

Auf Twitter steht etwas stärker die synonyme Begriffsnutzung im Vordergrund,
auf Facebook „Umweltschutz".

Definition von Nachhaltigkeit — 48 — 1

Synonym /Bekräftigung von „dauerhaft" — 54 — 8

Umweltschutz und Ökologie — 48 — 4

Ökonomie und Wirtschaftswachstum — 49 — 7

Politik und Gesellschaft — 48 — 3

Gesamt — 48 — 5

Zellenprozente; n = 655     ■ Facebook  ▨ Twitter  □ andere

## Medienschwerpunkte

Die Informationen zeigen die Häufigkeit, mit der einzelne Themenschwerpunkte (s. o.) insgesamt und in
spezifischen Medien diskutiert werden. Dargestellt werden die Anteile des Themas an allen Dokumenten in dem
Medium zum jeweiligen Wert. Die Medienzuordnung stammt aus einer Charakterisierung des Anbieters Talkwalker.
Die Balken zeigen an, ob spezifische Themen in manchen Medien häufiger diskutiert werden als insgesamt in allen
Beiträgen.

## Bilder

Die gezeigten Bilder stammen von Instagram oder aus anderen Bildquellen. Sie verstehen sich als Beispiele für
typische User-Nennungen. Die Einstufung als „typische" Nennung fand teilweise von den Analysten statt, die
sämtliche Beiträge eines Werts gelesen hatten. Teilweise wurden auch Bilder ausgewählt, die zwar außerhalb des
Analyse-Zeitraums gepostet wurden, aber das Thema sinngemäß umsetzten.

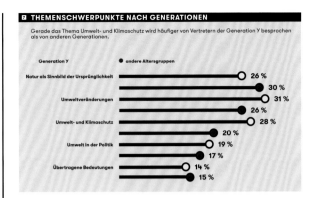

**7  THEMENSCHWERPUNKTE NACH GENERATIONEN**

Gerade das Thema Umwelt- und Klimaschutz wird häufiger von Vertretern der Generation Y besprochen als von anderen Generationen.

○ Generation Y  ● andere Altersgruppen

Natur als Sinnbild der Ursprünglichkeit — ○ 26 % / ● 30 %
Umweltveränderungen — ○ 31 % / ● 26 %
Umwelt- und Klimaschutz — ○ 28 % / ● 20 %
Umwelt in der Politik — ○ 19 % / ● 17 %
Übertragene Bedeutungen — ○ 14 % / ● 15 %

## Demografische Analysen

Die vorgelegten Analysen zeigen, wie sich unterschiedliche demografische Gruppen in ihren Themensetzungen unterscheiden. Die Beiträge entstammen weitestgehend aus freiwillig abgegebenen User-Profilen auf Twitter. Da nicht alle Twitter-User ein solches Profil unterhalten, stehen die Daten nur für User, die entsprechende Angaben gemacht haben. Für die Abgrenzung der Altersgruppen musste auf Zusammenfassungen des Anbieters Talkwalker zurückgegriffen werden. Gen Y deckt aufgrund der dort vorliegenden Klassifizierungen die Altersgruppen 18–24 Jahre und 25–34 Jahre ab und weicht damit leicht von gängigen Klassifizierungen ab.

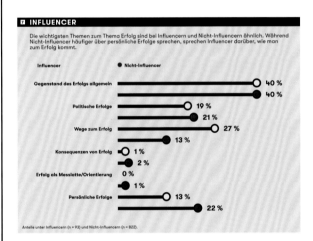

**7  INFLUENCER**

Die wichtigsten Themen zum Thema Erfolg sind bei Influencern und Nicht-Influencern ähnlich. Während Nicht-Influencer häufiger über persönliche Erfolge sprechen, sprechen Influencer darüber, wie man zum Erfolg kommt.

○ Influencer  ● Nicht-Influencer

Gegenstand des Erfolgs allgemein — ○ 40 % / ● 40 %
Politische Erfolge — ○ 19 % / ● 21 %
Wege zum Erfolg — ○ 27 % / ● 13 %
Konsequenzen von Erfolg — ○ 1 % / ● 2 %
Erfolg als Messlatte/Orientierung — ○ 0 % / ● 1 %
Persönliche Erfolge — ○ 13 % / ● 22 %

Anteile unter Influencern (n = 93) und Nicht-Influencern (n = 822).

## Influencer

Die Analysen zeigen, wie sich Influencer von Nicht-Influencern unterscheiden. Da Talkwalker keine eigene Influencer-Kategorisierung vorhält, wurde diese medienspezifisch aus einschlägigen Merkmalen (Follower, Likes, Engagement) gebildet. Sie wird über alle Analysen einheitlich angewendet.

## Zitate

Die zitierten User-Meinungen stellen nur einen Ausschnitt der vorgefundenen Meinungen zum jeweiligen Wert dar. Sie wurden qualitativ ausgewertet und verstehen sich als Beispiele für typische User-Nennungen. Die Einstufung als „typische" Nennung fand von den Analysten statt, die sämtliche Stichproben-Beiträge eines Werts gelesen hatten. Alle User-Zitate in den Werte-Kapiteln sind sinngemäß, aber nicht zwingend wortwörtlich wiedergegeben.

# „Woher könnte dieser rote Ausschlag kommen?"

# Verzeichnis weiterer Quellen ___

**Bude, Heinz:** Gesellschaft der Angst. Hamburger Edition, 2014.

**Initiative D21 e. V.:** D21 Digital Index 2018/19.
Verfügbar unter https://initiatived21.de/app/uploads/2019/01/d21_index2018_2019.pdf

**Jurczyk, Karin:** Doing Family – Zur Herstellung von Familie in spätmodernen Gesellschaften.
Verfügbar unter https://familienfachtagung.files.wordpress.com/2015/03/blog_jurczyk_doing-family.pdf

**LivePerson:** The Digital Lives of Millennials and Gen Z, 10/2017. Verfügbar unter https://www.liveperson.com/resources/reports/digital-lives-of-millennials-genz/

**Medical News Today:** Anxiety in the West: Is it on the Rise? Verfügbar unter https://www.medicalnewstoday.com/articles/322877.php#1

**New York Times:** Silicon Valley Nannies Are Phone Police for Kids.
Verfügbar unter https://www.nytimes.com/2018/10/26/style/silicon-valley-nannies.html

**New York Times/Google:** What Google learned from its Quest To Build the Perfect Team.
Verfügbar unter https://www.nytimes.com/2016/02/28/magazine/what-google-learned-from-its-quest-to-build-the-perfect-team.html

**The Atlantic:** Has the Smartphone Destroyed A Generation?
Verfügbar unter https://www.theatlantic.com/magazine/archive/2017/09/has-the-smartphone-destroyed-a-generation/534198/

**The Guardian:** Has Tinder Lost its Spark?
Verfügbar unter https://www.theguardian.com/technology/2019/aug/11/dating-apps-has-tinder-lost-its-spark

**Turkle, Sherry:** The Assault on Empathy. Verfügbar unter https://behavioralscientist.org/the-assault-on-empathy/

# Projektpartner ___

## Wippermann Trendforschung

Peter Wippermann ist Trendforscher, Berater, Autor und Keynote-Speaker für Zukunftsthemen. Er wirkte von 1993 bis 2016 als Professor für Kommunikationsdesign an der Folkwang Universität der Künste in Essen. Ursprünglich Artdirector beim Rowohlt Verlag und beim „ZEITmagazin", baute er mit Jürgen Kaffer 1988 die Editorial-Designagentur Büro Hamburg auf. 1992 gründete er das Trendbüro, Beratungsunternehmen für gesellschaftlichen Wandel, und führte mit Matthias Horx die Trendforschung in den deutschsprachigen Raum ein. 2002 rief er als Mitgründer die LEAD Academy für Mediendesign und Medienmarketing ins Leben. Seit 2014 ist Wippermann Vorstandsmitglied im Efficiency Club der Wirtschaft Zürich. – www.peterwippermann.com

## Trendbüro

Mit einem weltweiten Team aus Researchern, Analysten und Beratern erarbeitet das Trendbüro Consumer-Insights sowie Innovations- und Markenstrategien für Unternehmen und Organisationen unterschiedlichster Branchen. Seit 1992 beobachtet das Team Megatrends, technologischen Wandel und gesellschaftliche Entwicklungen sowie deren Einfluss auf Konsumenten und Märkte. Daraus entwickelt das Trendbüro konkrete Handlungsempfehlungen für Unternehmen im Umgang mit Wandel und den Konsumenten von morgen. Mehr unter www.trendbuero.com.

## Kantar

Mit Vertretungen in mehr als 100 Ländern ist Kantar eines der weltweit führenden Unternehmen für Data-Science, Insights und Consulting. Kantar versteht wie kaum ein anderer die Menschen – wie sie denken, fühlen, bewerten, konsumieren oder wählen. Für dieses tiefe Verständnis werden eigene und externe Daten genutzt, analysiert, geprüft und verbunden. Das Ergebnis sind relevante Empfehlungen für den entscheidenden Impact in Wirtschaft, Politik und Gesellschaft. Weitere Informationen unter www.kantardeutschland.de.

## Bonsai Research

Bonsai wurde 2004 gegründet und ist Spezialist für Testmärkte, Shopper-Research, Analytics und Mystery-Research. Mit 15 Jahren Erfahrung im nationalen und europaweiten Konsumgüter- und Gesundheitsmarkt hat sich Bonsai vom Medientestmarkt zu einer Experimentierplattform für Marketing-Innovationen mit Fokus auf den Handel (u. a. LEH, Drogerien, Baumärkte, Apotheken etc.) entwickelt. Bonsai bietet mit über 40 Mitarbeitern experimentelle Markterforschung nah am Kunden und begleitet Innovationen von der Ideen- und Konzeptentwicklung bis zur Einführung des Produkts und darüber hinaus. – www.bonsai-research.com

# Projektteam ___

**Peter Wippermann** ist Trendforscher, Berater, Autor und Keynote-Speaker für Zukunftsthemen. 1992 gründete er das Trendbüro und führte zusammen mit Matthias Horx die Trendforschung in den deutschsprachigen Raum ein. 1993 wurde er zum Professor für Kommunikationsdesign an der Folkwang Universität der Künste in Essen berufen. Er ist Autor zahlreicher Publikationen, zuletzt „Lebe lieber froh! Neue Strategien für ein zufriedenes Leben".

**Maria Angerer** ist Soziologin und Unternehmensberaterin. Ihre Schwerpunkte liegen in den Bereichen Netzwerke, Arbeit und Organisation sowie Familien- und Alltagsleben im 21. Jahrhundert. Außerdem ist sie Gründerin der measury Sozialforschung OG mit dem Schwerpunkt Social-Impact-Analyse. Sie betreut den Werte-Index seit seiner ersten Ausgabe im Jahr 2009.

**Marilen Hennebach** ist Soziologin aus dem Gebiet der Wissenschafts- und Technikforschung. Ihre Schwerpunkte liegen in den Bereichen Ideation, Intercreative Collaborations sowie Responsible Research and Innovation. Sie ist an der Betreuung des Werte-Index seit 2015 beteiligt.

**Ulrich Köhler** leitet seit 2016 das Trendbüro und verantwortet internationale Trend- und Innovationsprojekte. Er schöpft aus seiner langjährigen Erfahrung in der Beratung von Unternehmen mit Schwerpunkten auf konsumentenzentrierten Strategien, digitaler Transformation und Wertewandel.

**Ann-Katrin Brauns** ist seit 2017 als Consultant im Team des Trendbüros tätig. Die erfahrene Marken- und Marketingstrategin ist Expertin für Consumer-Journey-Mapping, den Einsatz qualitativer Methoden und die Umsetzung der Ergebnisse in klare Handlungsempfehlungen.

**Norbert Bolz** ist Medienphilosoph und lehrte bis 2018 am Institut für Sprache und Kommunikation der Technischen Universität Berlin. Norbert Bolz erforscht den gesellschaftlichen Wertewandel und generierte das Werte-Set des Werte-Index 2016. Zuletzt veröffentlichte er „Das richtige Leben" und „Zurück zu Luther".

### Art-Direktion
**Jürgen Kaffer** ist gelernter Schriftsetzer. Er war Mitbegründer von Büro Hamburg und Trendbüro. Als Art-Direktor betreute er u. a. Zeitschriften wie „Greenpeace Magazin", „ADAC Reisemagazin", „Lufthansa Magazin" sowie Geschäftsberichte und Bücher. Zurzeit ist er als Leiter eines Grafikateliers beider Territory GmbH tätig.

**Vesna Lipovac** ist Associate Director bei Kantar im Bereich Market-Understanding. Als studierte Soziologin leitet sie Projekte für Marke und Kommunikation, Customer-Experience und Werteforschung und greift dabei auf über 15 Jahre internationale Marktforschungserfahrung zurück.

**Andrea Winterschladen** ist Senior Consultant im Sektor Market-Understanding bei Kantar. Seit 2016 leitet die diplomierte Psychologin im Team von Joachim Bacher Projekte im Bereich Werteforschung, PR sowie Customer-Satisfaction und bringt ihre 15-jährige, facettenreiche Erfahrung als qualitative Forscherin mit ein.

**Joachim Bacher** ist der Experte für Trend- und Zukunftsforschung bei Kantar. Der studierte Sport- und Kommunikationswissenschaftler ist seit 1999 bei Kantar in verschiedenen Funktionen tätig. Seit 2013 leitet er die quantitative Analyse des Werte-Index und entwickelt zusammen mit seinem Team Konzepte für Trend- und Zukunftsstudien. Hierzu zählen u. a. „What Cities Want II", die „Nestlé Zukunftsstudie", die Studienreihe „Healthstyle", „Fitness in Deutschland" und „Grenzen der Selbstoptimierung". Als Referent tritt er regelmäßig auf Fachkongressen auf. Zu seinen Kunden zählen namhafte Verbände und Unternehmen aus Sport, Industrie und Handel.

**Franz Kilzer** ist selbstständiger Marktforschungsberater. Er studierte Soziologie und war viele Jahre als Marktforscher in leitender Position für TNS Infratest tätig. Seine Arbeitsschwerpunkte sind Beratungs- und Researchprojekte im Bereich Consumer-Insights. Ein besonderes Interesse gilt den Wechselbeziehungen von Social Media und Marken/Zielgruppen. Er betreute die vorliegende Studie für Kantar.

**Jens Krüger** ist CEO bei Bonsai Research. Hier verantwortet er die Bereiche Consumer-Research und das Bonsai Innovation Lab. Zuvor war er Geschäftsführer bei Kantar bzw. TNS Infratest; hier verantwortete er über zehn Jahre den Bereich Consumer-Research. Der studierte Soziologe und Sozialpsychologe engagiert sich darüber hinaus als Aufsichtsrat bei der MyEnso Teilhaber eG, Deutschlands erstem genossenschaftlichem Online-Supermarkt. Darüber hinaus ist Krüger Mitglied in mehreren Fachorganisationen und Beiräten, u. a. im Nestlé Zukunftsforum, Markenverband und VKE, Keynote-Speaker auf den einschlägigen Kongressen und Autor zahlreicher Aufsätze und Publikationen in den Themenfeldern gesellschaftlicher Wandel, Consumer-Trends, Ernährung und Handel der Zukunft.